CONVIVER PARA AMAR E SERVIR

CONVIVER PARA AMAR E SERVIR

Baseado em
Mário da Costa Barbosa

Organizadores:
Helder Boska de Moraes Sarmento
Reinaldo Nobre Pontes
Sonia Regina Hierro Parolin

FEB

Copyright © 2012 *by*
FEDERAÇÃO ESPÍRITA BRASILEIRA – FEB

1ª edição – Impressão pequenas tiragens – 6/2025

ISBN 978-85-7328-812-4

Todos os direitos reservados. Nenhuma parte desta publicação pode ser reproduzida, armazenada ou transmitida, total ou parcialmente, por quaisquer métodos ou processos, sem autorização do detentor do *copyright*.

FEDERAÇÃO ESPÍRITA BRASILEIRA – FEB
SGAN 603 – Conjunto F – Avenida L2 Norte
70830-106 – Brasília (DF) – Brasil
www.febeditora.com.br
editorial@febnet.org.br
+55 61 2101 6161

Pedidos de livros à FEB
Comercial
Tel.: (61) 2101 6161 – comercial@febnet.org.br

Adquirindo esta obra, você está colaborando com as ações de assistência e promoção social da FEB e com o Movimento Espírita na divulgação do Evangelho de Jesus à luz do Espiritismo.

Dados Internacionais de Catalogação na Publicação (CIP)
(Federação Espírita Brasileira – Biblioteca de Obras Raras)

P257c   Parolin, Sonia Regina Hierro (Org), 1958–

       Conviver para amar e servir: fundamentação Espírita sobre a metodologia do espaço de convivência, criatividade e educação pelo trabalho no serviço assistencial espírita / [organizado por] Sonia Regina Hierro Parolin, Helder Boska de Moraes Sarmento e Reinaldo Nobre Pontes – 1. ed. – Impressão pequenas tiragens – Brasília: FEB, 2025.

       168 p.; 21 cm.

       Baseado em Mário da Costa Barbosa

       Inclui referências

       ISBN 978-85-7328-812-4

       1. Assistência social espírita. 2. Espiritismo. I. Barbosa, Mário da Costa. II. Pontes, Reinaldo Nobre (Org.), 1960–. III. Sarmento, Helder Boska de Moraes (Org), 1964–. VI. Federação Espírita Brasileira. V. Título.

                                                           CDD 133.9
                                                           CDU 133.7
                                                           CDE 50.01.02

*O Evangelho — a nova ou a boa nova — é
a mais expressiva história de uma vida,
através de outras vidas, iluminando
a vida de todos os homens.*

AMÉLIA RODRIGUES

*Como é que a minha vida está se
entrelaçando com outras vidas?*

MÁRIO DA COSTA BARBOSA

Agradecimento

*A Demóstenes J. L. Pontes pela cuidadosa
(amorosa) revisão de Língua Portuguesa
realizada nos originais antes da
entrega à editora.*

SUMÁRIO

APRESENTAÇÃO 9

INTRODUÇÃO 13

1 MÁRIO BARBOSA: UM TRABALHADOR INCANSÁVEL 19

    1.1 Histórico sobre a metodologia do espaço de convivência, criatividade e educação pelo trabalho 25

2 FUNDAMENTOS DOUTRINÁRIOS PARA O SERVIÇO ASSISTENCIAL ESPÍRITA 31

    2.1 O trabalho na evolução espiritual e social 32

    2.2 Caridade e Espiritismo 37

    2.3 O homem no mundo 54

3 CATEGORIAS DA METODOLOGIA DO ECCET 77

    3.1 O sentido das categorias (na evangelização e no trabalho assistencial) 79

    3.2 Espaço de convivência 79

        3.2.1 Perfil psicossocial do assistido 96

    3.3 Criatividade 101

    3.4 Educação 115

    3.5 Trabalho 120

4 A METODOLOGIA DO ESPAÇO DE CONVIVÊNCIA, CRIATIVIDADE E EDUCAÇÃO PELO TRABALHO: DIMENSÃO OPERATIVA 129

    4.1 Como fazer? 129

    4.2 Planejamento 133

4.3	A atividade	135
4.4	Espaço físico	137
4.5	Tempo	138
4.6	Trabalhadores	138
4.7	Conteúdo doutrinário	139
4.8	Normas das oficinas/grupos de atividades	141
4.9	Recursos materiais	143

REFLEXÕES FINAIS 145

REFERÊNCIAS 149

APÊNDICES

ROTEIRO PARA ESTUDO DO SERVIÇO ASSISTENCIAL ESPÍRITA 151

REFERÊNCIAS BIBLIOGRÁFICAS ELABORADAS POR
MÁRIO DA COSTA BARBOSA 157

FONTES DO PENSAMENTO DE MÁRIO BARBOSA 165

APRESENTAÇÃO
Idealista e amigo

A apresentação de livro sobre o amigo e dinamizador Mário da Costa Barbosa é uma honra, pois convivemos com ele em cenários diversificados e em momentos significativos. Testemunhamos sua maneira de ser: simpático, claro em suas posições, sempre fundamentado em posições doutrinárias e técnicas, coerente e com visão humanista.

Conhecemos Mário da Costa Barbosa na segunda metade da década de 1970, oportunidade em que ele atuava no Departamento de Serviço Assistencial Espírita da União das Sociedades do Estado de São Paulo. Em 1977, juntamente com minha esposa Célia, assistimos a um Seminário sobre família, por ele coordenado, nas dependências da Instituição Beneficente Nosso Lar, no bairro

Jardim da Glória, em São Paulo. Esta, uma notável obra, então dirigida por Nancy Puhlmann Di Girolamo.

Suas apresentações sobre Serviço Assistencial Espírita, comentários sobre o Evangelho (citando metodologia de estudo de Honório Onofre de Abreu, de Belo Horizonte) e sobre família, nos cativaram e o convidamos inúmeras vezes para eventos na cidade de Araçatuba (SP), onde residíamos e dirigíamos o Órgão Municipal da USE-SP.

Em nossa terra natal, aconteceram alguns fatos marcantes.

Colecionávamos informações sobre Benedita Fernandes — vulto pioneiro da assistência social espírita em nossa região —, e mensagens sobre ela, como "Num domingo de calor" (de Hilário Silva, psicografia de Francisco Cândido Xavier, de 1964) e, outras de autoria dela, a começar por "Emergência para a Criança" (psicografada por Divaldo Pereira Franco, na residência de nossos pais, em Araçatuba, em abril de 1973). Mário ficou cativado pela figura e pensamentos espirituais de Benedita Fernandes, principalmente pela mensagem "Cruzada de Amor" (psicografada por Divaldo Pereira Franco, em nossa residência, em Araçatuba, em novembro de 1979). Mário sempre citava ou trabalhava nos seus Seminários, notadamente as mensagens mencionadas de Benedita Fernandes. No ano de 1982, lançamos uma edição local do livro *Dama da caridade*, focalizando Benedita Fernandes e incluímos as aludidas mensagens.[1] A nosso convite, Mário compareceu dezenas de vezes em Araçatuba, para palestras e seminários, inclusive no histórico 1º Encontro de Delegados de Polícia

---

1 CARVALHO, Antonio Cesar Perri de. *Dama da caridade*. 2. ed. São Paulo: Radhu. 1987, p. 75-88.

Espíritas do Estado de São Paulo, realizado em Araçatuba de 23 a 25 de maio de 1980.[2]

O fato de assistirmos a um Seminário sobre Família, com Mário, e, depois a "Campanha Integração da Família", efetivada pela USE-SP em 1980, motivou-nos para que montássemos um Curso sobre Família, no Centro Espírita Luz e Fraternidade, em Araçatuba. Tempos depois, já como presidente da USE-SP, juntamente com Célia, implantamos o mesmo Curso na sede da USE, em São Paulo, no ano de 1991. O conjunto dessas experiências gerou o livro *Família e espiritismo*[3] e serviu de base para que a USE-SP apresentasse ao Conselho Federativo Nacional da FEB a proposta de uma Campanha sobre Família, ao ensejo do "Ano Internacional da Família" da ONU (1994). Assim, surgiu a Campanha "Viver em Família", promovida pelo CFN da FEB.

Em função dos contatos e intercâmbios doutrinários desenvolvidos em Araçatuba, Mário cultivou intensa amizade com nossa genitora, conhecida pelo apelido Bebé, e com nosso irmão Paulo Sérgio. Passou a ser um hóspede da família, frequentando algumas festividades familiares, inclusive, de Natal e Ano Novo.

Além das contribuições que nos propiciou nos eventos espíritas, tivemos o privilégio de dialogar com ele sobre temas gerais da sociedade. Como eram agradáveis e frutíferos os *bate-papos* com Mário!

---

2 CARVALHO, Célia Maria Rey de (Org.). *Família e espiritismo*. 6. ed. São Paulo: USE, 2000, p. 11-13.

3 I Encontro de Delegados – Um movimento pioneiro em Araçatuba. In *Anuário Espírita 1981*. Araras: IDE, 1981, p. 243-246.

Repentinamente, no ano de 1989, transferimo-nos para a cidade de São Paulo, onde assumimos o cargo de Pró-Reitor de Graduação da Universidade Estadual Paulista (UNESP) e se articulava nossa eleição para a presidência da USE-SP. Mário se preparava para retornar a São Paulo, depois de uma atuação profissional e espírita em Belém. Exultamos com seu projeto pessoal e ele se tornou nosso assessor na UNESP. Nos meses iniciais de 1990, trocamos muitas ideias sobre os projetos para as ações acadêmicas e do movimento espírita, mas, repentinamente fomos colhidos pela surpresa da sua enfermidade, o inesperado retorno a Belém e a sua rápida desencarnação. Até hoje, ecoam na nossa memória a sua voz ao telefone, já lenta, com palavras amigas, poucos dias antes de sua libertação espiritual.

O livro *Conviver para amar e servir* é uma feliz iniciativa para se registrar a memória das propostas e o trabalho de Mário da Costa Barbosa. Houve um grande esforço para se coletar informações, pois a atuação dele se espraiou para várias regiões. Mas os desdobramentos de sua ação estão bem marcados, principalmente nos Estados do Pará e de São Paulo. Reconhecemos em Mário da Costa Barbosa um bom e prudente visionário. Sua perspicácia e suas ideias avançadas anteciparam em algumas décadas alguns projetos e ações que agora estão sendo colocados em prática.

Brasília(DF), novembro de 2011.

Antonio Cesar Perri de Carvalho
Secretário Geral do Conselho Federativo Nacional da
Federação Espírita Brasileira

INTRODUÇÃO

Após mais de vinte anos da desencarnação do amigo e irmão Mário da Costa Barbosa (1936–1990) percebeu-se, entre aqueles que tiveram o benefício da sua convivência mais próxima, um sincero desejo de resgatar seus ensinamentos, sua maneira peculiar de nos mostrar Jesus e a excelência da Doutrina Espírita e de sistematizá-los em formato de texto. Com esse gesto, queremos agradecer-lhe os anos de aprendizado que nos legou com seu convívio, partilhando os frutos deste trabalho com outros irmãos da seara espírita.

Não nos atrevemos a considerar a obra como uma homenagem a ele. Seria muito pouco. Por outro lado, cremos que ele não desejaria tal louvação (pois, não era dado a vaidades) e, sim, que cada um de nós "pegue a sua enxada e saia a campo a arar e semear a terra do nosso Pai". O que fizemos, reunindo um grupo de colaboradores, foi coletar gravações em VHS da década de 80 (precárias à época), realizar algumas entrevistas com alguns amigos seus, reunir algumas poucas anotações das décadas de 70–80, e, bem assim, organizar, coerentemente, um conteúdo mais próximo possível da forma como o Mário conduzia os estudos, os trabalhos, os debates, os seminários, as práticas no Grupo Espírita Vinha de Luz, no Lar de Maria, entre outros Centros Espíritas, e em vários cantos do nosso imenso país, para entregar a público uma obra acessível a qualquer trabalhador espírita das mais diversas realidades socioculturais. Quanto ao trabalho de coleta de materiais, agradecemos e destacamos o apoio do Grupo Fraterno de Cuiabá/Mato Grosso, mais precisamente, o da Sra. Arminda Thomé Müller, que nos possibilitou o acesso ao rico material, transcrito de palestras e seminários, realizados por Mário Barbosa, em seguidos anos, junto ao Movimento Espírita daquele estado. Agradecemos, igualmente, a Lívia Barbosa, sobrinha de Mário, que nos auxiliou na atualização dos dados biográficos.

Para os colaboradores desta obra, trata-se não só de um real aprendizado, mas também uma dívida de gratidão a sua pessoa, pelo trabalho realizado, na seara do Cristo, que nos propiciou tanto crescimento. Mário foi sempre coerente em suas ideias e ações, por isso que não pregava ou aconselhava, mas conduzia à reflexão, aos questionamentos e semeava nos corações. Discutia larga e abertamente com as pessoas e permitia que cada um, com seus sentimentos legítimos e conhecimentos adquiridos, se sentissem pertencentes ao todo, numa construção dialética reflexiva constante, a orientar ações transformadoras. Portanto, além de desfrutar do seu convívio amoroso, crescemos muito estando perto dele, estudando e pensando com ele sobre o Cristo e a Doutrina

Espírita, e com ele interagindo e refletindo, crítica e continuamente, sobre a vida e o viver cristão. Ao sermos beneficiados por tais bênçãos, percebemos, somente após todos esses anos, a possibilidade de retribuí-las com este trabalho, com o fito de socializar o conhecimento sistematizado, em nossa feliz e frutuosa convivência com ele.

Vale destacar que muitos outros trabalhadores espíritas, que conviveram com ele e participaram do processo de maturação da Metodologia, prontificaram-se a contribuir com esta obra, por isso que aqui expressamos a todos os nossos penhorados agradecimentos, pela preciosa colaboração recebida.

Ressaltamos que a relevância do conjunto das reflexões, proposta pelo companheiro, pode ser evidenciada por quatro fundamentos doutrinários, que se complementam:

1 A verdadeira caridade: aquela que vai além da caridade material, sem a esta excluir, diante da necessidade legítima do outro, pois, quando todos praticarem a moral cristã, não haverá mais a miséria e a pobreza (ESE, cap. XIII, it. 9; LE, q. 886), pois as desigualdades das condições sociais são obra do homem e não de Deus (LE, q. 806);

2 O benefício para aquele que a pratica: aquele que pratica a caridade encontra meios de parecer ele mesmo beneficiado diante daquele a quem presta o serviço, vivendo, assim, a verdadeira generosidade (ESE, cap. XIII, it. 3);

3 Construção da nova sociedade: o bom emprego da inteligência pelo bem de todos, em todas as esferas de

ação (ESE, cap. VII, it. 13), pois o homem "tem que atingir a finalidade que a Providência divina lhe assinalou" (LE, nota de Kardec na q. 783). Como uma força viva, o progresso (transformação da sociedade) não pode ser retardado e cabe aos homens de bem agir "em concordância com a Justiça divina, que quer que todos participem do bem" (LE, nota de Kardec na q. 78-a). Cabe ao homem a missão de trabalhar pela melhoria material do planeta, de "desobstruí-lo, saneá-lo, dispô-lo para receber um dia toda a população que a sua extensão comporta" (ESE, cap. XVI, it. 7). "As revoluções morais, como as revoluções sociais, se infiltram nas ideias pouco a pouco; germinam durante séculos; depois, irrompem subitamente e produzem o desmoronamento do caruncoso edifício do passado, que deixou de estar em harmonia com as necessidades novas e com as novas aspirações" (LE, nota de Kardec na q. 783);

4 Transformação do mundo pela educação: vencer o egoísmo em todas as suas dimensões e disfarces, lograr esforços na transformação das instituições e relações sociais, da família aos povos, pois "o choque, que o homem experimenta, do egoísmo dos outros é o que muitas vezes o faz egoísta, por sentir a necessidade de se colocar na defensiva" (LE, q. 917). A erradicação do egoísmo "só se obterá se o mal for atacado em sua raiz, isto é, pela educação, não por essa educação que tende a fazer homens instruídos, mas pela que tende a fazer homens de bem. A educação, convenientemente entendida, constitui a chave

do progresso moral" (LE, nota de Kardec na q. 917). Deve-se considerar ainda, que, para o progresso da humanidade, "o homem tem de herdar do homem e porque coletivos são os trabalhos humanos: Deus abençoa a solidariedade." (ESE, cap. XX, it. 03).

No decorrer do texto, esses fundamentos são desdobrados e dão forma e sustentação à Metodologia da Convivência, Criatividade e Educação pelo Trabalho. O seu estudo é aqui proposto linearmente, mas a metodologia somente pode ser apreendida na articulação das dimensões (categorias) associadas à dinâmica da ação consciente e planejada para tal. A aplicação da metodologia, apesar do enfoque mais específico ao serviço assistencial espírita que lhe é dado, pode ser expandida a todas as atividades da Casa Espírita, mais especialmente na evangelização (crianças, jovens e adultos), porquanto os relacionamentos, que ali se desenvolvem, devem ser de aprendizado, crescimento e de libertação para todos.

Buscamos manter a fidelidade possível às reflexões de Mário e esperamos ter conseguido vivificá-las, no intuito de que o leitor possa sentir-lhe a proximidade e refletir, com ele, sobre os ensinamentos e vivências de Jesus, sistematizados na metodologia proposta.

Os organizadores

1
MÁRIO BARBOSA: UM TRABALHADOR INCANSÁVEL

Mário da Costa Barbosa nasceu em 11 de maio de 1936, em Cruzeiro do Sul, estado do Acre. Filho de João Lemos Barbosa e Francisca da Costa Barbosa, foi o filho caçula, entre quatro irmãos, e pai de Paulo Augusto da Costa Barbosa. Com 4 anos de idade, sua família transferiu residência para Belém do Pará. Estudou o Curso Primário com professores particulares, tendo prestado exames para receber o Certificado no Grupo Escolar Justo Chermont. Fez o Curso Ginasial e Colegial no Colégio Estadual Paes de Carvalho. Concluiu seu Curso de Serviço Social em 1968, na Escola de Serviço Social da Universidade Estadual do Pará. Participou de Cursos em Serviço Social de Grupo, na Universidade Federal do Pará, Treinamento de Pessoal (FMU/SP) e Serviço Social na Empresa (FMU/SP). Em 9 de dezembro de 1978, obteve o título universitário de Mestre em Serviço Social, pela PUC/SP, após defender dissertação que versou sobre "Planejamento em Serviço Social", obtendo média dez perante a banca examinadora, sendo posteriormente publicada, em forma de livro, com novas edições até hoje.

Como profissional, desenvolveu atividades funcionais no Banco da Amazônia S.A., no período de 1968 a 1975, quando passou a dedicar-se especialmente às atividades ligadas ao Serviço Social. Desenvolveu atividades técnicas e docentes, como convidado, em várias cidades do país, e participou de um grande número de eventos no Pará e em outras localidades e, especialmente, como coordenador, palestrante, assessor, examinador, presidente ou professor. Foi Professor nos Cursos de Pós-Graduação no Centro Sócio-Econômico da UFPA, na Faculdade de Serviço Social de Santos/SP, na Faculdade de Serviço Social das Faculdades Integradas Santo Antonio/SP, na Sociedade de Serviço Social/SP, na Faculdade de Serviço Social da PUC/SP, na Faculdade de Serviço Social das Faculdades Metropolitanas Unidas/SP, no Curso de Serviço Social do Cesep/PA (antiga Unespa e atual Unama).

Foi Chefe de Departamento de Serviço Social da Faculdade de Serviço Social das Faculdades Metropolitanas Unidas/SP e do Departamento de Serviço Social do Cesep, em Belém/PA. Ocupou, ainda, a função de Coordenador do Curso de Serviço Social na antiga Unespa (atual Unama), de onde se afastou para concluir seu Doutoramento na PUC/SP, em 1990.

Ainda na esfera profissional, publicou vários livros, artigos e trabalhos técnicos, destacando-se, entre eles,

Propostas metodológicas para o ensino da metodologia (Editora Cortez), *Desenvolvimento e relações sociais* (CBCISS), *Serviço social como práxis* (Editora Cortez), *Planejamento e serviço social* (Editora Cortez). Foi fundador e membro da Comissão Editorial da *revista serviço social e sociedade*. Em 1973, foi Assessor junto aos Voluntários Internacionais e Brasileiros para a Amazônia, com a finalidade de desenvolver a Comunidade Igarapé-Açu/PA, foi, ainda, Coordenador Geral do Centro Comunitário do Bairro do Guamá, Belém/PA e Presidente da Fundação do Bem-Estar Social do Pará (1983-1987). Como Presidente dessa instituição, ganhou notoriedade nacional e na América Latina, resultante da prática implantada, em conjunto com sua equipe de trabalho, e, principalmente, pelas novas abordagens junto às crianças e adolescentes autores de atos infracionais (infratores e em risco social na época) e, ainda, pelo trabalho junto às comunidades de baixa renda. Essa equipe participou ativamente da elaboração do atual Estatuto da Criança e do Adolescente, a partir das orientações de Mário da Costa Barbosa. Foi homenageado com o Diploma de Honra ao Mérito pela Assembleia Legislativa do Estado do Pará.

Logo após sua saída da Fundação do Bem-Estar Social do Pará, assumiu a Diretoria de Assistência Social da Secretaria Estadual do Trabalho (1987-1989), recém-criada com o objetivo de responder às mudanças sociais e institucionais, que a realidade impunha. Nesse período, sua ação visionária permitiu contribuir para a estruturação da secretaria e, principalmente, que se levasse adiante a sua proposta de "creches populares", como o único recurso disponível naquele momento. À frente desse órgão, priorizou ações em regiões do estado do Pará, nas quais não havia a presença efetiva do Estado, deslocando sua pequena equipe para as comunidades mais pobres de trabalhadores. A proposta era básica: investir recursos financeiros com os próprios produtores locais, para alimentar as crianças e adolescentes, retirando-os do campo. Os cuidados da creche ficavam por conta das famílias em revezamento e a infraestrutura era negociada com as prefeituras. Em poucos meses, esta proposta avançou por todo o Estado e, junto com ela, renasceram movimentos e lutas por direitos, revitalizando o trabalho e a assistência social.

Como espírita, foi membro da União Espírita Paraense e Fundador do Grupo Espírita Vinha de Luz, em Belém/PA, local onde desenvolveu atividades diversificadas, mantendo creche, assistência médica, etc. Nessas entidades, atuou como coordenador das atividades assistenciais, como palestrante, coordenador de grupos de estudos e seminários, como médium, entre outras atividades. Não deixou obras espíritas escritas (à exceção de alguns poucos manuscritos que foram transcritos para este livro). Contudo, várias fitas (antigos VHS e agora transformados em DVDs) foram gravadas de suas palestras e seminários, cujo conteúdo foi igualmente inserido no texto desta obra. Ele também foi o amigo-colaborador no Centro Espírita Grupo Fraterno, em Cuiabá/MT, da Associação Espírita Fé e Caridade, em Florianópolis/SC, entre outros.

No Movimento Espírita, Mário foi diretor do Departamento de Serviço Assistencial Espírita da USE-SP, no período em que residiu em São Paulo. Atuou com companheiros como Odair Cretela de Oliveira e Elaine Curti

Ramazzini. Foi um dos primeiros a promover um Seminário ou Curso sobre Família, em 1977, em Centro Espírita daquela cidade. Foi um dos colaboradores do *Manual de serviço assistencial espírita* da USE-SP, lançado em 1981, reeditado em 1995, e que depois foi utilizado como base para o *Manual de serviço de assistência e promoção social espírita*, do Conselho Federativo Nacional, editado pela FEB.

Mário inspirou-se fortemente na experiência da Casa do Caminho, primeira obra cristã relatada no livro *Paulo e Estevão*, de Emmanuel e psicografia de Chico Xavier. Outra forte inspiração foi a vida e obra de Benedita Fernandes, relatadas no livro *A dama da caridade*, de Antonio Cesar Perri de Carvalho, além de várias mensagens ditadas, por ela, a Divaldo Pereira Franco.

Desencarnou em 11 de setembro de 1990, em Belém/PA, após prolongada enfermidade, durante a qual recebeu de seu imenso círculo de amigos e admiradores a atenção e o carinho que muito merecia. Durante a sua enfermidade, quando se sentia em condições físicas para tal, continuava desenvolvendo atividades de orientação e planejamento, junto à equipe de trabalho profissional e voluntária do movimento espírita local. Lamentavelmente, não concluiu sua tese de Doutorado sobre Assistência Social. O relançamento da 3ª edição do seu livro *Planejamento e serviço social* ocorreu logo após seu falecimento e os exemplares chegaram a Belém, no exato momento em que ocorria o sepultamento do seu corpo.

Seus pensamentos e obras influenciaram as políticas e práticas do Serviço Social no país, tanto na esfera pública quanto acadêmica. Mário entendia, como um dever imposto a si próprio, que um dos compromissos do Homem de Bem no mundo, segundo o Evangelho, é de fazer a outrem todo o bem que lhe desejara que lhe fizessem. Dedicava-se, especialmente, à causa das crianças e adolescentes em situação de risco social e por ela trabalhou em todas as esferas possíveis. Diríamos que ele empenhou a própria vida nessa causa. Conseguia aliar os conhecimentos profissionais aos conhecimentos espíritas e vivência cristã, com excepcional consistência e profundidade sem, contudo, ultrapassar as fronteiras entre uma área e outra, evitando, assim, um confronto ideológico ou conceitual entre as partes, porém, sem abandonar o exercício da reflexão constante entre ambas. Compreendia que a caridade, conforme elucida Paulo em sua *Epístola aos coríntios*, independe de qualquer crença particular e se desdobrou, assim, em ampliar as aplicações em todos os campos da sua existência.

Dessa forma, a Metodologia do Espaço de Convivência, Criatividade e Educação pelo Trabalho (ECCET) foi amplamente disseminada entre os meios profissionais e espíritas, mantendo o mesmo fundamento de respeito e amor ao próximo, e, resguardando os referenciais teórico-práticos em cada campo de aplicação, como meio de intervenção social, mediante a prática da caridade em seu amplo sentido.

Alguns anos após sua desencarnação, foram prestadas várias homenagens a sua obra. Em Bélem/PA, existe a Escola Mário Barbosa, no bairro da Terra Firme. Na cidade de Benevides (PA), a recém-inaugurada Unidade de Atendimento Socioeducacional leva também o seu nome. Na cidade de São Paulo, há a Creche Municipal Professor Mário da Costa Barbosa, no bairro Parque Novo Mundo.

1.1
HISTÓRICO SOBRE A METODOLOGIA DO ESPAÇO DE CONVIVÊNCIA, CRIATIVIDADE E EDUCAÇÃO PELO TRABALHO

Segundo Mário da Costa Barbosa[4] a *Metodologia do Espaço de Convivência, Criatividade e Educação pelo Trabalho* (ECCET) começou a ser desenvolvida no período em que ele esteve à frente da área de Serviço Assistencial Espírita da União das Sociedades Espíritas do Estado de São Paulo – USE, na segunda metade da década de 70.

Naquela ocasião, nasceu uma preocupação no âmbito da tarefa de evangelização infantil que se traduzia na seguinte pergunta: como melhor conduzir a tarefa da evangelização para crianças filhas de pais não-espíritas e/ou que moravam em regiões periféricas e pobres das cidades? Tal problemática nasceu da observação de que o modelo recomendado pela Federação Espírita Brasileira – FEB apresentava maior efetividade junto a crianças filhas de pais espíritas, além de que ele estava muito mais calcado numa visão de evangelização pela instrução do que pela vivência.

Com base na perspectiva de que evangelizar é "viver a Boa-Nova", conforme Jesus o fez através de sua incomparável pedagogia, a proposta metodológica empregada, até então, nas casas espíritas, tanto nas distintas atividades de evangelização (infantil, juvenil e adulta) quanto nas atividades do serviço assistencial, merecia ser repensada na sua dimensão metodológica. Essas reflexões foram amadurecidas durante

---

4 Nota dos organizadores: Informação obtida em vídeo de curso ministrado para candidatos à evangelização infantil espírita, em Belém do Pará, na segunda metade dos anos 80 aproximadamente.

quase duas décadas (70–80), através de estudos doutrinários e experiências vividas, principalmente nas cidades de São Paulo e Belém, que se estenderam também a Casas Espíritas, situadas em Cuiabá, Curitiba, Florianópolis, Rio de Janeiro, Salvador, para citar apenas as principais.

Se as experiências vivenciadas em São Paulo deram lugar a fecundas reflexões sobre a melhor metodologia para evangelização e assistência social, foi em centros espíritas de Belém do Pará que, funcionando como verdadeiros laboratórios, pôde-se colocar em prática uma nova metodologia, ancorada nas categorias de espaço de convivência, criatividade, educação e evangelização pelo trabalho.

Mais especificamente, essa experiência foi iniciada no Grupo Espírita Vinha de Luz, situado no bairro do Guamá, o mais populoso e pobre bairro da cidade de Belém/Pará. Mário integrou o grupo de fundadores dessa Casa Espírita, fundada em 1º de janeiro de 1963, e, desde o início, lutou por melhorar a oferta de educação e assistência social às famílias em extrema pobreza do entorno. O compromisso com o bem-estar daquela coletividade vem sendo demonstrado ao longo dos 50 anos de sua existência, o que é comprovado pela manutenção de uma escola de ensino fundamental, em convênio com a Secretaria Estadual de Educação, por quase 44 anos até os presentes dias.

Ao retornar a Belém, de sua longa permanência na cidade de São Paulo, Mário volta às lides no Grupo Espírita Vinha de Luz e começa a discutir, com dirigentes e evangelizadores da casa, a proposta metodológica do ECCET. Estabelece então com os trabalhadores uma nova programática para o trabalho de evangelização infantojuvenil, não mais baseado na divisão por faixas etárias, mas na criação de espaços de convivência, construídos em torno de uma atividade, da qual participavam crianças e adolescentes de diferentes idades. Por exemplo, criou-se o grupo de teatro, de música, de atividades manuais, de futebol, etc. Por meio da convivência estabelecida pelo vivo interesse despertado nas crianças e nos jovens nessas atividades, os evangelizadores estimulavam a criatividade na realização desses entretenimentos, surgindo, dessa convivência, temas, questões, conflitos, mediante os quais se trabalhava o conteúdo doutrinário, evangélico, enfim, se evangelizava, sempre pelo diálogo.

Nas manhãs de sábados, Mário reunia-se com todo o grupo de trabalhadores e refletia sobre as experiências vividas e analisava, com o grupo, sempre baseado no Evangelho e nas obras básicas da Doutrina Espírita, as situações e o desenvolvimento do novo processo metodológico. Imersos nessas reflexões, o grupo buscava romper com a visão de evangelização tradicional, com base na *informação sobre a Boa-Nova*, para uma nova perspectiva, sob a égide do *anúncio da Boa-Nova*, através da convivência, *como a pedra angular da proposta*. Ressaltam-se, assim, duas questões de suma importância na prática da metodologia:

» reflexão coletiva sobre os detalhes dos trabalhos, das experiências, da convivência, para o amadurecimento individual e coletivo, e a

» busca da coerência nas atitudes dos evangelizadores que, ao adotarem a convivência na evangelização, e não a postura de lecionar ou palestrar sobre conceitos e fundamentos, passam a agir através da convivência e do trabalho concreto com as crianças.

Foram essas as maneiras de consolidar, nas consciências, os fundamentos e as finalidades da metodologia EC-CET, vivenciadas com autenticidade e profundidade nas reflexões e estudos.

Era empolgante perceber, na análise das práticas e das situações vivenciadas, o crescimento do grupo de evangelizadores, das crianças e dos jovens. O trabalho de aulas prontas, os temas preestabelecidos, os grupos por faixa etária, foram sendo superados, paulatina e progressivamente, por outra dinâmica, que permitiu o aumento do interesse do grupo de trabalhadores e dos evangelizandos.

O medo de perder a segurança do "plano de aula" preestabelecido dava lugar ao entusiasmo e a um relacionamento diferente (embasado na Doutrina Espírita), consistente (evangelizar pelo exemplo e pelo diálogo na convivência) e criativo (atividades envolventes). Atuar com a metodologia pressupõe autorrenovação espiritual do evangelizador, já que, convidado a viver a Boa-Nova, impunha ser coerente consigo mesmo e com a Doutrina Espírita.

A experiência no Grupo Espírita Vinha de Luz foi estendida ao trabalho federativo da União Espírita Paraense — UEP, principalmente na área do serviço assistencial espírita. Com a coordenação de Mário Barbosa, a UEP promoveu muitos seminários e encontros ao conjunto de Casas Espíritas da capital e do interior do estado, com o objetivo de disseminar a proposta do ECCET como uma nova forma de assistir, material e espiritualmente, aos que as buscavam portando graves necessidades materiais.

Cabe destacar que, em Belém, além do Grupo Espírita Vinha de Luz, duas outras Casas se notabilizaram pela adesão à nova proposta metodológica: o Lar de Maria e o Grupo Espírita Jardim das Oliveiras. Alguns encontros, entre essas três entidades, se realizaram sob a coordenação de Mário, dando lugar às gravações em vídeo (VHS), donde se extraíram muitas referências para o presente livro. Esses encontros, que ocorreram no decorrer da segunda metade da década de 80, possibilitaram o aprofundamento na compreensão do sentido evangélico da proposta, sempre calcada na obra de Kardec, nas bases filosóficas, pedagógicas e sociológicas, para o entendimento do alcance renovador da metodologia.

O Jardim das Oliveiras talvez tenha sido o único grupo no Brasil surgido sob a inspiração da metodologia e que mantém, até os dias atuais, uma notável obra socioeducacional.

É necessário esclarecer que Mário Barbosa nunca buscou qualquer autoria sobre a metodologia, tanto é que não se encontra nenhum texto seu sobre o tema, mas somente algumas anotações e as gravações em VHS. Ele buscava uma sistematização pela reflexão sobre *como* Jesus trouxe a Boa-Nova para a Terra: convivendo com o outro, e, através dessa convivência com todos os que lhe cruzaram o caminho, escreveu o seu Evangelho. Amélia Rodrigues afirmava: "É a narrativa de uma vida através de outras vidas", como Mário costumava enfatizar.

Como um trabalhador incansável, Mário saiu pelo Brasil afora fazendo jus à Parábola do Semeador, distribuindo as sementes do Evangelho, e, utilizando a metodologia do ECCET como forma de levar as pessoas a perceberem (como ele já havia percebido) que evangelizar necessita do *evangelizar-se*.

Em Cuiabá, na Federação Espírita do Mato Grosso, especialmente no Grupo Fraterno, viveu-se experiência semelhante, com Arminda Thomé Muller, dedicada amiga de Mário à frente dos trabalhos, e até hoje guardam e desenvolvem a boa semente da metodologia, nas práticas dos grupos de convivência, tanto na evangelização infantojuvenil quanto na assistência social. No Rio de Janeiro, registra-se a influência do pensamento de Mário na atuação da USEERJ, sob a regência do lúcido trabalho de divulgação de Edvaldo Roberto de Oliveira , que, por longo tempo, coordenou a área de serviço assistencial. Registre-se também a presença, na instituição Lar Fabiano de Cristo, em particular na pessoa de Cezar Reis, de uma importante interlocução da proposta de Mário.

Enfim, Mário esteve em muitos lugares do país, espalhando a fecunda ideia da evangelização pela convivência e pelo trabalho. Mas, isso ainda é pouco, comparado ao grande número daqueles que ainda não tiveram a oportunidade de contatar com essa luminosa construção intelecto-espiritual, razão pela qual essa singela obra necessita ainda o concurso de outras mãos, que, como numa cadeia virtuosa, a transmitirão a outras, para que essa brilhante experiência possa crescer e se espalhar, já que surgida sob o signo do legítimo Cristianismo Vivido e Redivivo.

2
FUNDAMENTOS DOUTRINÁRIOS PARA O SERVIÇO ASSISTENCIAL ESPÍRITA

Conforme indicado anteriormente, Mário da Costa Barbosa sempre buscou inspiração na Doutrina Espírita codificada por Allan Kardec e no Evangelho de Jesus, como constante exercício de busca e construção do amor, na proposta vivenciada na Casa do Caminho,[5] ambos tendo como referência o Homem de Bem, o Homem no Mundo, acreditando na capacidade espiritual/humana de reconstrução individual e social.

Para tanto, nesse capítulo apresenta-se os principais fundamentos doutrinários ancorados nas Leis morais (3. Parte de *O livro dos espíritos*): Lei do progresso, Lei de

---

5 XAVIER, Francisco Cândido, *Paulo e Estêvão*. 1975.

igualdade, Lei de justiça, amor e caridade, Lei de sociedade e Lei do trabalho.

2.1
O TRABALHO NA EVOLUÇÃO ESPIRITUAL E SOCIAL

Para compreender o sentido a ser dado ao Serviço Assistencial Espírita, jamais se deve esquecer a realidade de que todos são Espíritos, "os seres inteligentes da criação" (LE, q. 76), aos quais Deus impõe a encarnação, com o "fim de fazê-los chegar à perfeição" e, para tanto, "têm que sofrer todas as vicissitudes da existência corporal" (LE, q. 132). Não se referem os instrutores espirituais apenas à finalidade do aperfeiçoamento do espírito no plano individual, mas também ao fato de que a encarnação tem ainda outra finalidade "que é a de pôr o Espírito em condições de suportar a parte que lhe toca na obra da criação. [...] É assim que, concorrendo para a obra geral, ele próprio se adianta" (LE, q. 132). Considerando essa premissa, a atividade assistencial deve, invariavelmente, basear-se em ações que favoreçam o processo evolutivo do Espírito.

Para melhor compreender como favorecer esse processo evolutivo, Kardec elucida que

> [...] o homem tem por missão trabalhar pela melhoria material do planeta [...] Para os trabalhos que são obra dos séculos, teve o homem que extrair os materiais até das entranhas da terra; procurou na Ciência os meios de os executar com maior segurança e rapidez. Mas, para os levar a efeito, precisava de recursos: a necessidade fê-lo

criar a riqueza, como o levou a descobrir a Ciência. A atividade que esses mesmos trabalhos impõe-lhe amplia e desenvolve a inteligência (ESE, cap. XVI, it. 7).

Essa luminosa passagem explicita o papel de alavanca que o trabalho exerce no processo evolutivo. Em *O livro dos espíritos*, encontra-se a afirmativa de que "sem o trabalho, o homem permaneceria na infância intelectual, eis porque ele deve a sua alimentação, a sua segurança e o seu bem-estar ao seu trabalho e a sua atividade (LE, q. 676).

Dessa maneira, pode-se compreender que o trabalho se constitui num eixo filosófico do serviço assistencial espírita, já que sem ele o espírito permanece na infância intelectual, e que ele mesmo é o maior responsável pelo desenvolvimento da inteligência humana, a qual é fator indispensável, conforme assevera Kardec, para "compreender as grandes verdades morais" (ESE, cap. XVI, it. 7).

Na terceira parte de *O livro dos espíritos*, encontram-se, nos capítulos da Lei de progresso e da Lei de igualdade, elementos para compreender as razões das desigualdades sociais que motivam empreender ações assistenciais.

Kardec, ao comentar a questão 793 daquele livro, afirma que:

> [...] De duas nações que tenham chegado ao ápice da escala social, somente pode considerar-se a mais civilizada, na legítima acepção do termo, aquela onde exista menos egoísmo, menos cobiça e menos orgulho; onde os hábitos sejam mais intelectuais e morais do que materiais; onde a inteligência se puder desenvolver com maior liberdade; onde haja mais bondade, boa-fé,

> benevolência e generosidade recíprocas; onde menos enraizados se mostrem os preconceitos de casta e de nascimento, por isso que tais preconceitos são incompatíveis com o verdadeiro amor do próximo; onde as leis nenhum privilégio consagrem e sejam as mesmas, assim para o último, como para o primeiro; onde com menos parcialidade se exerça a justiça; onde o fraco encontre sempre amparo contra o forte; onde a vida do homem, suas crenças e opiniões sejam melhormente respeitadas; onde exista menor número de desgraçados; enfim, onde todo o homem de boa vontade esteja certo de lhe não faltar o necessário.

A sociedade assim caracterizada por Kardec é aquela pela qual todo cristão convicto deve pugnar. O serviço assistencial, na visão espírita, terá a considerar que os resultados, a serem alcançados no seu exercício, devem apontar não apenas para o atendimento do indivíduo nas suas necessidades imediatas de sobrevivência humana, mas também atuar no sentido da transformação da sociedade, objetivando alcançar os horizontes acima expostos, transformações essas sobre as quais Kardec leciona:

> O homem não pode conservar-se indefinidamente na ignorância, porque tem de atingir a finalidade que a Providência lhe assinalou. Ele se instrui pela força das coisas. As revoluções morais, como as revoluções sociais, se infiltram nas ideias pouco a pouco; germinam durante séculos; depois, irrompem subitamente e produzem o desmoronamento do caruncoso edifício do passado, que deixou de estar em harmonia com as necessidades novas e com as novas aspirações.

As desigualdades sociais, que ainda vincam tão violentamente as feições da sociedade, preocuparam o codificador, levando-o a perguntar aos Espíritos se a desigualdade das condições sociais seria uma lei natural (LE, q. 806). Como resposta, os Espíritos afirmaram: "Não; é obra do homem e não de Deus". Essa resposta demonstra que não é natural a desigualdade social e que, portanto, as sociedades caminham para a supressão das bases dessas desigualdades. Concorrendo na mesma direção, encontra-se na resposta à questão 880 em *O livro dos espíritos* sobre o primeiro de todos os direitos naturais do homem: "O de viver. Por isso é que ninguém tem o de atentar contra a vida de seu semelhante, nem de fazer o que quer que possa comprometer-lhe a existência corporal".

Assim, diante do quadro de desigualdade social, recorre-se à firme explicação que o Espírito Bernardin, no item que aborda a questão de se pôr termo às provas do próximo, dado que todas as provas e vicissitudes são consequências das existências anteriores:

> [...] Pensam alguns que, estando-se na Terra para expiar, cumpre que as provas sigam seu curso. Outros há, mesmo, que vão ao ponto de julgar que, não só nada devem fazer para as atenuar, mas que, ao contrário, devem contribuir para que elas sejam mais proveitosas, tornando-as mais vivas. Grande erro. [...] Não digais, pois, quando virdes atingido um dos vossos irmãos: "É a justiça de Deus, importa que siga o seu curso". Dizei antes: "Vejamos que meios o Pai misericordioso me pôs ao alcance para suavizar o sofrimento do meu irmão". Vejamos se as minhas consolações morais, o meu

> amparo material ou meus conselhos poderão ajudá-lo a vencer essa prova com mais energia, paciência e resignação. Vejamos mesmo se Deus não me pôs nas mãos os meios de fazer que cesse esse sofrimento; se não me deu a mim, também como prova, como expiação talvez, deter o mal e substituí-lo pela paz [...] (ESE, cap. V, it. 27).

Bernardin, na continuação da mesma mensagem, deixa muitíssimo claro que o espírita (e toda e qualquer pessoa, independente da opção religiosa) não deve posicionar-se diante das dores alheias como "instrumentos de tortura" e que "contra a essa ideia deve-se revoltar todo o homem de coração". Naturalmente que essa "revolta" deve-se traduzir em ação transformadora no âmbito da coletividade, na supressão das desigualdades sociais.

Nesse sentido, em *Obras póstumas*, no capítulo que trata das "Questões e Problemas", item sobre "Liberdade, Igualdade e Fraternidade", Kardec convida a todos que sonham com a idade de ouro para a humanidade — bases sociais sob a égide sólida da fraternidade — que trabalhem principalmente na construção dos alicerces do edifício, sem antes pensar em lhe colocar a cúpula. Urge, assim, trabalhar sem descanso para extirpar o vírus do orgulho e do egoísmo, fontes de todo o mal e obstáculo real ao reinado do bem, ali afirmando ainda:

> [...] Eliminai das leis, das instituições, das religiões, da educação até os últimos vestígios dos tempos de barbárie e de privilégios, bem como todas as causas que alimentam e desenvolvem esses eternos obstáculos ao verdadeiro

progresso, os quais, por assim dizer, bebemos com o leite e aspiramos por todos os poros na atmosfera social. Somente então os homens compreenderão os deveres e os benefícios da fraternidade e também se firmarão por si mesmos, sem abalos, nem perigos, os princípios complementares, os da igualdade e da liberdade.

Para finalizar a reflexão sobre este item, ressalta-se que Kardec enfatiza que todas as causas que alimentam e desenvolvem os obstáculos ao progresso ainda permeiam todos os campos e instituições humanas e que as desigualdades sociais são ingeridas "com leite", o que pode significar que o gosto amargo vem disfarçado. Kardec crê firmemente na possibilidade da destruição do orgulho e do egoísmo e finaliza esta reflexão afirmando: "aos que são progressistas cabe acelerar esse movimento por meio do estudo e da utilização dos meios mais eficientes".

2.2
CARIDADE E ESPIRITISMO

Para melhor entender a proposta da Metodologia é preciso, antes de mais nada, refletir: qual o sentido de caridade proposto pelo Cristianismo? Como o Espiritismo elucida as principais questões sobre a caridade? Esse entendimento será muito importante para a compreensão do papel e a postura do evangelizador e do trabalhador Espírita diante das pessoas que estarão envolvidas com eles.

A assistência aos homens necessitados é uma prática milenar no mundo, variando de povo para povo, de época para época, de cultura para cultura, mas sempre se fazendo presente na história humana.

No entanto, é com o advento do Cristianismo que as atividades de assistência tomam um impulso inusitado, especialmente embasadas no fundamento do amar o próximo como a si mesmo.

Com o avanço do processo organizativo da Igreja Católica Apostólica Romana e sua consequente expansão, o trabalho da assistência autenticamente cristã, inaugurado pela Casa do Caminho, passou, por muito tempo, a ser identificado como a esmola. O verdadeiro sentido da palavra caridade, tal como entendia Jesus: "benevolência para com todos, indulgência para as imperfeições dos outros, perdão das ofensas" (LE, q. 886). O ato de dar esmola (que significa dar sobras — *limus*) está limitado ao binômio necessidade material/atendimento material. E, no dizer de irmã Rosália (ESE, cap. XVI, it. 13) "quase sempre humilha e degrada" a quem dá e a quem recebe. O serviço assistencial na ótica espírita, ao contrário, deve apresentar três dimensões essenciais: *afetiva, pedagógica e política*, as quais foram deduzidas da Parábola do Bom Samaritano (LUCAS, 10:25 a 37), abordada adiante.

A codificação do Espiritismo — trazida a lume por Allan Kardec — cumpre a promessa do Cristo de enviar um Consolador que viria restabelecer as coisas e ensinar tudo aquilo que Ele não pudera pela ignorância dos homens. A Doutrina Espírita, trazendo, à modernidade, as verdades cristãs, deixa transparecer toda a profundidade do Evangelho, restabelecendo o sentido da palavra caridade e reassentando as bases do trabalho assistencial, que nada mais é senão o amor em ação, no dizer de Emmanuel, no livro *O consolador* (q. 255). A coerência das bases do trabalho assistencial com os princípios espíritas é que a faz merecer a denominação de serviço assistencial espírita. É preciso atentar para isso, pois o distanciamento desses princípios na sua execução descaracteriza a natureza espírita. Em outros termos, ser "militante espírita" não é a condição suficiente para a realização de um trabalho assistencial espírita.

Outra importante reflexão é a de que o trabalho assistencial realizado por espíritas deve ser conduto da mensagem espírita. Ao atender pessoas de diferentes religiões, o mais relevante é deixar fluir a mensagem da autêntica fraternidade, porque é "na marcha que temos a oportunidade de ensinar alguma coisa e revelar quem somos",[6] ou seja, revelar a mensagem do Cristo internalizada, enquanto se marcha ao lado de alguém. A matriz disso provém do próprio Cristo: "Caminhai enquanto tende luz" (João, 12:35 a 36).

Atividades assistenciais que nutrem o "esmolar", nas suas múltiplas expressões e disfarces, não condizem com os princípios cristãos da caridade. Se uma casa espírita, através de sua atividade assistencial, incentivar a atitude de pedinte estará em posição contrária à Lei do progresso. Deve-se refletir, ainda, que os impactos na vida das pessoas, que procuram o trabalho assistencial espírita, irradiam para a comunidade a forma de ser espírita,

---

6 XAVIER, Francisco Cândido. *Paulo e Estêvão*, cap. 3. Referente ao diálogo entre Simão Pedro e Paulo de Tarso, na Casa do Caminho, após Paulo recuperar a saúde e observar as mudanças encontradas naquela casa de fraternidade.

quebrando a visão reduzida e deturpada de algumas práticas, tidas como do Espiritismo.

As atividades assistenciais podem se constituir num portal de acesso a um processo libertador do ser aprisionado a necessidades materiais e a problemas espirituais. O magnetismo grupal, a convivência, a acolhida, a escuta e a possibilidade de aprendizagens múltiplas, sob a ambiência de legítima fraternidade será expressão de um evangelizar, no sentido posto por Jesus.

A fundamentação doutrinária, orientadora do porquê de uma metodologia que propõe a construção de um espaço de convivência, criatividade e educação pelo trabalho,[7] surge de uma análise mais detalhada da Parábola do Bom Samaritano (uma das mais utilizadas por Mário), que é transcrita a seguir de *O evangelho segundo espiritismo*, cap. XV, it. 2:

> *Então, levantando-se, disse-lhe um doutor da lei, para o tentar: "Mestre, que preciso fazer para possuir a vida eterna?" Respondeu-lhe Jesus: "Que é o que está escrito na lei? Que é o que lês nela?" Ele respondeu: "Amarás o Senhor teu Deus de todo o coração, de toda a tua alma, com todas as tuas forças e de todo o teu espírito, e a teu próximo como a ti mesmo." Disse-lhe Jesus: "Respondeste muito bem; faze isso e viverás." Mas, o homem, querendo parecer que era um justo, diz a Jesus: "Quem é o meu próximo?" Jesus, tomando a palavra, lhe diz: "Um homem, que descia de Jerusalém para Jericó, caiu em poder de ladrões, que o despojaram, cobriram de*

---

[7] Nota dos organizadores: Entenda-se "trabalho" conforme resposta dos Espíritos à questão 675 de *O livro dos espíritos*: "Toda ocupação útil é trabalho".

ferimentos e se foram, deixando-o semimorto. Aconteceu em seguida que um sacerdote, descendo pelo mesmo caminho, o viu e passou adiante. Um levita, que também veio àquele lugar, tendo-o observado, passou igualmente adiante. Mas, um samaritano que viajava, chegando ao lugar onde jazia aquele homem e tendo-o visto, foi tocado de compaixão. Aproximou-se dele, deitou-lhe óleo e vinho nas feridas e as pensou; depois, pondo-o no seu cavalo, levou-o a uma hospedaria e cuidou dele. No dia seguinte tirou dois denários e os deu ao hospedeiro, dizendo: 'Trata muito bem deste homem e tudo o que despenderes a mais, eu te pagarei quando regressar.' Qual desses três te parece ter sido o próximo daquele que caíra em poder dos ladrões? O doutor respondeu: "Aquele que usou de misericórdia para com ele". "Então, vai", diz Jesus, "e faze o mesmo" (LUCAS, 10:25 a 37).

Existem muitos pontos a serem tratados. Tem-se uma situação muito interessante para análise socioespiritual. A situação do *caído* decorre da ação de *salteadores*. Evidentemente, a condição de caído não se restringe à situação de pobreza. Considerando a natureza do público que procura o trabalho assistencial espírita, vamos dar enfoque aos segmentos mais afetados social e economicamente.

Muitas são as situações condizentes com a posição de caídos: mulheres que criam sozinhas seus filhos com parcas condições; famílias que sofrem com o problema do alcoolismo; pessoas que vivem com graves problemas de relacionamento e outras tantas situações. Não raro, há acoplagem de problemas, por isso Jesus se refere a *feridas*, representando a multiplicidade de questões envolvidas.

Tais feridas decorrem da ação dos *salteadores*. Estes agiram provocando feridas e a *queda*. Saltear é um verbo que traduz as violências institucionais e interpessoais. A escravidão e as guerras são exemplos de violência institucional. O descuido institucional por precariedade e ausência de políticas públicas, acrescida de outras tantas exclusões, provocam a situação de *caído* e *feridas*.

O tratar das feridas começa na dimensão interpessoal, usando de recursos próprios (azeite e vinho), que são os recursos disponíveis no momento, não os ideais. Levar o caído para a *hospedaria* sinaliza que o universo institucional precisa ser posto no processo de soerguimento do caído. O trabalho assistencial requer conexão com as redes de políticas públicas, nas suas múltiplas expressões: saúde, educação, previdência, entre outros direitos de cidadania. A frase *atende-o bem*, por outro lado, sinaliza uma postura para um atendimento integral ao caído, primando pela excelência da qualidade da atenção a ser dispensada, o que deverá, no futuro, acontecer, por parte de diversas instituições, para que surjam políticas públicas com ações de qualidade, assistindo aos *caídos,* e, prevenindo a ação dos *salteadores*.

A reflexão também pode enfatizar a própria indagação do doutor da lei, um estudioso, um homem acostumado a discutir as leis. Lucas sugere um homem preocupado com a sua salvação; um homem que desejava, na linguagem da época, saber o que ele precisava fazer para possuir a vida eterna. Dir-se-ia nos dias de hoje, o que é preciso fazer para não perder esta encarnação, para "libertação do ser", nas palavras de Mário Barbosa. E a resposta seria a mesma: "O que é que está escrito nas leis?". E ele responde com a síntese que Jesus havia transmitido, na passagem conhecida como O Mandamento Maior: "Amar a Deus de todo o seu entendimento, de todo o seu sentimento e ao próximo como a si mesmo." Ao que Jesus diz: "Faze isso e viverás." E o doutor retruca: "Mas, quem é o meu próximo?".

É quando Jesus começa a narrar a parábola do Bom Samaritano, em que um homem descia de Jerusalém a Jericó. Jerusalém era a cidade religiosa, podemos dizer a capital dos judeus, onde ficava a sinagoga maior, portanto, uma cidade onde certamente as pessoas dali se evadiam ou ali aportavam; faziam-no em função da religião, dedicando-se às questões religiosas. E Jericó era uma cidade comercial de notável importância, onde certamente ninguém se dirigia para cuidar de questões religiosas, mas, sim, para resolver questões comerciais.

Ele dizia que um homem descia entre essas duas cidades e caiu em poder de ladrões, que o roubaram, espancaram e o deixaram ferido à beira da estrada. Logo, não se tratava de um mendigo, pois fora roubado e conseguira despertar a atenção de malfeitores. Ou seja, era um homem do mundo, apesar da narrativa não proporcionar mais nenhuma referência sobre qual era a sua raça, credo, etc. Se era um homem honesto ou não, rico ou pobre, culto ou inculto, não importava, mas, sim, alguém necessitado de compaixão e assistência naquele momento.

Pelo local, passa primeiramente um sacerdote, isto é, aquele que conhecia as leis mosaicas, que tinha um conjunto de informações, inclusive sobre o que Moisés preconizava acerca da assistência. Mas ele vê aquela situação e passa. O que fez o sacerdote não se deter diante do que viu? O que o sacerdote viu, afinal? Alguém caído e necessitado de amparo? Este "ver" foi um ato superficial, externo, na perspectiva da fraternidade universal. Ele apenas viu aquele quadro, a partir do próprio ponto de vista, da sua referência de mundo e de suas necessidades, e não da necessidade do outro. Não há, portanto, nenhum ato de envolvimento; houve indiferença. Possivelmente, o sacerdote se debatia com o fator tempo; o tempo que necessitava para cuidar dos compromissos, que o aguardavam em Jericó. Por isso mesmo, demandando a cidade de Jerusalém para Jericó, da cidade do grande Deus, para aquele entreposto comercial importante, ele não dispunha de tempo.

Em seguida, passa o levita.[8] Observa, mas não se detém. "Observar" é bem diferente de "ver", mas, da mesma forma, o ato de observar não é um ato de envolver-se. O que o levita observou? Será que ele chegou a constatar que o homem caído estava machucado, a ponto de se encontrar semimorto? Em caso positivo, o que fez com que o levita passasse adiante, sem ao menos procurar auxílio? Será que ele saiu em busca de auxílio e, nesse ínterim, chega o samaritano? Ou será que sentiu medo de se envolver com aquele caído? É possível desdobrar inúmeras reflexões. Mas o fato é que o levita se foi, mesmo observando a situação do homem à beira do seu caminho. Se ele titubeou, se teve ímpetos de ajudar, não o fez; prosseguiu na sua trajetória.

---

8 Nota dos organizadores: Homem da tribo de Levi, que tomava conta do Santuário. O cuidado com os pertences do Tabernáculo (tenda, barraca) era cargo muito honroso e cabia aos descendentes de Levi esse serviço religioso. Sempre que mudavam de acampamento, os levitas é que transportavam os utensílios do Tabernáculo e que assistiam os sacerdotes em suas várias funções (*Dicionário bíblico* de John Devis).

Eis que vem o samaritano,[9] aquele que era tido pelos judeus como um herege, de má vida, aquele que não ia ao templo para adorar o Senhor. Jesus coloca seu exemplo maior de fraternidade, de valores fundamentais para a libertação do homem, nesse samaritano que tinha conduta diferente e estranha para os judeus. O Cristo utiliza-se do exemplo de um homem abominado pela comunidade judaica para explicar ao doutor da lei que não era preciso, inclusive, ser judeu (já que o samaritano era tido como não-judeu) para se libertar.

O samaritano vê o homem e para; e por que para? Porque foi *tocado de compaixão*. Tomou a dor do *caído* como sua, identificou-se com o outro, viu-o como *irmão*. Desce do seu cavalo e limpa as feridas com azeite e vinho, embora não fossem os recursos mais adequados a esse fim, mas era o que o samaritano dispunha naquele momento, para ajudar o homem semimorto. Ele não conseguiu prosseguir o seu caminho, sem atender àquele homem. Atende-o, em primeiro lugar, no que se apresentou como emergencial. Lança mão dos recursos para atender como pôde, como sabia, naquele momento. Seria no dizer de Marco Prisco:[10] "Sirva como sabe, como pode. Não espere ser perfeito, nem ter para servir, sirva agora mesmo". É o caso dele que serviu como podia, como sabia. Isso ilustra a *dimensão afetiva*. Em

---

9 Nota dos organizadores: "Para os judeus ortodoxos, eles (os samaritanos) eram heréticos e, portanto, desprezados, anatematizados e perseguidos. O antagonismo das duas nações tinha, pois, por fundamento único a divergência das opiniões religiosas, se bem fosse a mesma a origem das crenças de uma e outra. Eram os *protestantes* desse tempo". (KARDEC, Allan. *O evangelho segundo o espiritismo*, Introdução, it. III, Notícias Históricas).

10 FRANCO, Divaldo Pereira. *Legado kardequiano*. 1966.

seguida, "pensa" as feridas. Ou seja, reflete sobre a situação daquele homem e analisa as próprias condições de ofertar a assistência, que o retirasse realmente da situação, na qual se encontrava. Sem receios, sem titubear, coloca-o no dorso do seu animal e o leva até a hospedaria, a mais próxima, presumivelmente. Por certo, mantém algum diálogo com esse desconhecido, pois se ele morasse entre o local em que se encontravam e Jericó, por estar em seu caminho, o deixaria em sua casa. Deve ter questionado sobre sua vida, para obter informações, que contribuiriam no processo de ajuda. Isso ilustra a *dimensão pedagógica*.

O samaritano certamente tinha o que fazer; não estava simplesmente passando por ali, como quem vagueia pelas estradas. O que o fez redimensionar o tempo da sua viagem e recolher o homem no dorso do seu animal? O que ponderou quando "pensou" aquelas feridas? Possivelmente, detectou a gravidade da situação frente aos seus compromissos e reviu a ordem de suas prioridades e o emprego do seu tempo. Que valores fizeram com que o samaritano interrompesse a própria marcha, para atender àquele necessitado? Algo muito diverso do que motivou o sacerdote e o levita a prosseguir na estrada sem oferecer ajuda: o samaritano foi movido por compaixão! Esse sentimento, despertado sobre a infelicidade do outro, conduz o ser, que a sente, para uma ação de compensação fraterna, independente de crença, raça, etc.

Ao chegar à hospedaria, o samaritano não transfere a tarefa para o hospedeiro, mas permanece ao lado do homem e *cuida dele*, envolve-se efetivamente com ele, porquanto este se encontrava em situação de dependência: fora espancado, espoliado e ali estava, portanto, inseguro, vivendo um momento de conflito, de dor, de crise. Este homem sentiu-se amparado, apoiado, naquele momento difícil, percebendo que o outro agira como seu irmão, como seu companheiro, dele cuidando até a manhã do dia seguinte.

Na manhã seguinte, o samaritano vai continuar a sua viagem para Jericó, porque era uma pessoa responsável, tinha compromissos a cumprir naquela cidade. Equacionou o tempo de forma a que pudesse atender à necessidade daquele homem, sem se prejudicar. Chama o hospedeiro e diz: "Cuide bem desse homem", ou seja, desse homem que esta aqui; "Trata muito bem deste homem e tudo o que despenderes a mais, eu te pagarei, quando regressar".

O samaritano transmite-lhe segurança, dando-lhe a certeza de que voltaria e pagaria tudo o mais que fosse despendido. Está implícito que, ao voltar e pagar, o levaria consigo, ou seja, o levaria até onde aquele homem estivesse em condições de retornar ao convívio do seu ambiente familiar. Este é um momento assaz interessante, pois enfoca a *dimensão política* do processo de assistência.

A hospedaria representa as instituições, o hospedeiro, os agentes institucionais. Não é possível assegurar o atendimento aos segmentos populacionais vulneráveis, sem determinado aparato institucional. Nas instituições é que são potencializados os recursos materiais e humanos. Ora, isso implica uma diretriz, já que nelas não se faz o que se quer. Daí Jesus exemplificar, no diálogo entre o samaritano e o hospedeiro, uma diretriz: "cuida bem dele". Numa linguagem atualizada: o ser humano tem direitos que precisam ser respeitados e garantidos, em termos quantitativos e qualitativos. É justamente na não-garantia desses direitos que Jesus apresentou a causa da situação dos segmentos populacionais carentes, representadas na condição daquele "homem que foi atacado por salteadores". E apresenta consequências subjetivas disso, já que o "homem", em função dessa expropriação, ficou "semimorto", ou seja, não poderia sozinho sair daquela situação.

O sacerdote e o levita dispunham de recursos próprios e autoridade para mobilização de recursos institucionais, porém nada fizeram. E o cristão deve ser um cidadão compromissado com a evolução do planeta em que vive, e "cumprir a parte que lhe toca na obra da criação" (LE, q. 132). A questão 573 de *O livro dos espíritos* embasa a noção de compromisso social. Kardec pergunta: "Em que consiste a missão dos Espíritos encarnados?". Os Espíritos respondem de forma direta, apontando três eixos indissociáveis: "Em instruir os homens, em lhes auxiliar o progresso, em lhes melhorar as instituições, por meios diretos e materiais [...]". Ou seja, cabendo aos Espíritos ocuparem-se com a instrução dos homens, com seu progresso e com a melhoria das instituições, necessitam, naturalmente, dos próprios homens para que se lhes completem as tarefas. Esse aspecto será abordado no próximo item, quando versaremos sobre o papel do homem de bem no mundo, posicionado no centro das responsabilidades, a prol do avanço da sociedade em que está inserido.

Retornando à parábola, a maior riqueza que o samaritano possuía, naquele momento, era o seu tempo e a extraordinária habilidade de lidar com ele. Já dispunha de sensibilidade, já caminhara na direção da sua evolução e já percebera o significado do outro, do próximo, diante do qual a urgência de chegar ao seu destino fora relegada ao segundo plano.

Observa-se a preocupação do Cristo no sentido de uma ajuda mais solidária; sou eu cuidando de você, não por um ato em que olho os seres humanos e tomo providências, como se eles fossem objetos: "arranje uma vaga para internar o fulano", "arranje uma vaga para colocar esta criança em uma creche" ou "este idoso em um asilo". Não se trata disso. Trata-se, isto sim, de envolver-se com o outro, estabelecer uma relação solidária, de afetividade, ainda que procurar uma vaga para alguém, em algum lugar, seja uma das providências ao alcance naquele momento. Trata-se de perceber o outro com quem você se constrói e perceber como você se constrói na relação com o outro.

Este ato de construir, de viver, de se relacionar com o outro traduzem, em si mesmos, como a mensagem do Cristo deve ser transmitida. Não é simplesmente falar do Cristo, mas é viver a mensagem no dia a dia. O que mais as pessoas registram nos Evangelhos são os diálogos do Cristo com aqueles a sua volta, em um envolvimento amoroso e com tempo suficiente para ouvir e conversar. Para alcançar essa relação de confiança, é preciso conviver, mostrar-se, envolver-se. A libertação não é um processo individual, é um processo coletivo, pois "os progressos de cada um são sentidos por todos, porquanto o rebaixamento de um afetará o conjunto".[11]

---

11 DENIS, León. *O grande enigma*, 2008, p. 38.

Portanto, a Parábola do Bom Samaritano foi o exemplo utilizado por Cristo para legar à humanidade o verdadeiro sentido da caridade: "Benevolência para com todos, indulgência para as imperfeições dos outros, perdão das ofensas" (LE, q. 886). O samaritano, movido pela compaixão, fez o bem que pôde, sem julgar se aquele homem, o seu próximo mais próximo naquele momento, era merecedor ou não do seu auxílio. Simplesmente, envolveu-se e usou da sua extraordinária capacidade de lidar com suas riquezas do momento — seu tempo e a criatividade para reorganizar a situação — e fez o melhor para aquele homem. Se ele somente houvesse pago ao hospedeiro para cuidar do ferido e continuasse o seu trajeto, já teria feito muito mais do que o sacerdote e o levita.

Cada um poderá refletir sobre si mesmo, sobre suas próprias reações, diante de problemas graves do cotidiano, que divergem nas mais variadas circunstâncias e graus de amadurecimento moral e espiritual, utilizando-se da mesma parábola, como uma conversa com Jesus. A pergunta do doutor da lei: "Mestre, que preciso fazer para possuir a vida eterna?" é a pergunta que cada um deve buscar em si mesmo a resposta, à medida que reflexiona "como" vive o próprio viver: "vê" e passa adiante?, "observa" e passa adiante?, "envolve-se" sem receio de distribuir as riquezas do coração? Ou um pouco de cada uma dessas atitudes?

Igualmente, a Parábola do Bom Samaritano é o exemplo deixado por Cristo sobre como melhorar as instituições e, especialmente, sobre como os trabalhos assistenciais, pela ótica espírita, devem buscar atender às necessidades humanas, resgatando sua dignidade, como aconteceu na parábola sob análise: acolhimento fraterno ao semimorto, sem as mínimas condições, naquele momento, de soerguer-se sozinho. Na terceira parte de *O livro dos espíritos*, encontram-se, nos capítulos da Lei de progresso e Lei de igualdade, elementos para compreender as razões que motivam as ações assistenciais, impregnadas dessa concepção.

No capítulo XIII, item 12 de *O evangelho segundo o espiritismo*, encontramos a seguinte afirmativa de Vicente de Paulo: "[...] Não pode a alma elevar-se às altas regiões espirituais, senão pelo devotamento ao próximo; somente nos arroubos da caridade encontra ele ventura e consolação [...]". Na Parábola do juízo (ESE, cap. XV, it. 1), Jesus reforça a ideia de que somente na ação voltada ao próximo é que fazemos jus às altas esferas. E se deduz que esta ação deve evidenciar o caráter transformador da assistência. É necessário pôr em relevo as colocações direcionadas às ovelhas: "*[...] vinde, benditos de meu Pai [...]; porquanto, tive fome e me destes de comer; tive sede e me destes de beber; careci de teto e me hospedastes; estive nu e me vestistes; achei-me doente e me visitastes; estive preso e me fostes ver [...]*".[12] É importante notar que o tempo do verbo está no passado. Trata-se de uma ação assistencial desencadeadora de mudanças, pois o Filho do Homem não esta mais com fome, sede, nu, doente, sem teto e solitário. Eis o sentido da caridade sob a ótica do Espiritismo.

Vejamos, agora, o que são o amor e a caridade. Caridade é uma palavra de origem latina, tendo o sentido de estima, cuidado, afeto, exaltado no Cristianismo nascente, pelo apóstolo Paulo. No ESE, capítulo XV, item 10, "Fora

---

12 Nota dos organizadores: Grifo nosso.

da Caridade não há Salvação", ele comenta que "nada exprime com mais exatidão o pensamento de Jesus, nada resume tão bem os deveres do homem, como essa máxima de ordem divina". Sendo a verdadeira caridade o guia em que o homem, seguindo-a, nunca se transviará, ele conclama os homens a "perscrutar-lhe o sentido profundo e as consequências, a descobrir-lhe, por vós mesmos, todas as aplicações". A Doutrina Espírita, de forma sistêmica e *pari passu* com a Ciência, apresenta as razões para que o homem se detenha nos seus deveres para com a sociedade, como também infunde os alicerces da verdadeira caridade — o facho celeste — como regra para a marcha do conjunto da sociedade rumo à fraternidade que, segundo Kardec (*A gênese*, it. 17), será a nova ordem social a vigir no planeta.

Portanto, a verdadeira caridade, segundo a *Epístola de Paulo aos coríntios* (ESE, cap. XV, it. 6), é traduzida da forma seguinte:

> Ainda que eu falasse todas as línguas dos homens e a língua dos próprios anjos, se eu não tiver caridade, serei como o bronze que soa e um címbalo que retine; [...] A caridade é paciente; é branda e benfazeja; a caridade não é invejosa; não é temerária, nem precipitada; não se enche de orgulho; não é desdenhosa; não cuida dos seus interesses; não se agasta, nem se azeda com coisa alguma; não suspeita mal; não se rejubila com a injustiça, mas se rejubila com a verdade; tudo suporta, tudo crê, tudo espera, tudo sofre. [...]

O címbalo retine e faz barulho, chama a atenção e se impõe aos ouvidos, mas seu som some, desaparece. A verdadeira caridade traduz-se para além da benevolência e atinge o "conjunto de todas as qualidades do coração, na bondade e na benevolência para com o próximo" (ESE, cap. XV, it. 7). O "próximo" que "bate à porta" da Casa Espírita, em condições precárias (seja em quais áreas: material, espiritual, mental), espera, de alguma forma, encontrar a expressão da verdadeira caridade naqueles que o acolhem. A carência do próximo, principalmente as não expressas por ele, são como as feridas do homem caído às margens do caminho de Jerusalém a Jericó. São feridas que, na verdade, denotam que tipos de salteadores o abordaram; ou seja, quais necessidades básicas a sociedade ainda não conseguiu suprir e que meios se têm às mãos para fazer que cesse esse sofrimento. Ao agir assim, o Espírita, movido pelas qualidades do coração, moverá os recursos à sua volta para amenizar o sofrimento do próximo e sentir-se-á impelido, pelo senso da verdadeira caridade, a agir em esferas mais amplas, em prol do progresso da sociedade.

Por outro lado, a beneficência, além de ser caridade material, é caridade moral, "visto que resguarda a suscetibilidade do beneficiado" (ESE, cap. XIII, it. 3). O espírita convicto, portanto, movido pela compaixão frente às dificuldades e dores alheias, sejam elas materiais, espirituais, emocionais, etc., "sabe encontrar palavras brandas e afáveis que colocam o beneficiado à vontade na presença do benfeitor". A proposta da Doutrina Espírita é da inversão dos papéis, ou seja, esvaziar o conceito da dependência do assistido, pois convoca os espíritas a encontrar, de maneira delicada e engenhosa, "meios de figurar como beneficiado diante daquele a quem presta serviço". A Doutrina Espírita propõe evitar as aparências capazes de melindrar, ao dissimular, delicadamente, o benefício, convertendo a esmola em serviço, e, atentando para a maneira sobre como a prestar, a fim de salvaguardar a dignidade do homem, no intuito de que este não se sinta ferido em seu amor-próprio (ESE, cap. XIII, it. 3).

Eis o sentido da verdadeira caridade que deve permear as atividades do Serviço Assistencial Espírita e que está no cerne da metodologia proposta por Mário da Costa Barbosa.

2.3
O HOMEM NO MUNDO

Até aqui tratou-se da importância do trabalho na evolução do ser e da sociedade da percepção espírita do sentido da caridade como foco orientador do trabalho assistencial e de evangelização espírita.

O que este item propõe é analisar a proposta Espírita para a atuação do homem no mundo, que insere cada um no centro das suas responsabilidades (como ser individual e coletivo) na transformação da situação social vigente.

Mário Barbosa, em suas preleções e cursos, colocava o tema "o homem no mundo" na conta de assunto fundamental, entendendo que a compreensão do nosso lugar ocupado no mundo e da própria visão de homem e de mundo adotada interfeririam diretamente no processo evolutivo do ser espiritual, ora encarnado e de sua ação no mundo. A análise da passagem evangélica do Moço Rico traduz o papel do homem no mundo.

Então, aproximou-se dele um mancebo e disse: "Bom mestre, que bem devo fazer para adquirir a vida eterna?" [...]. "Se queres entrar na vida, guarda os mandamentos". "Que mandamentos?", retrucou o mancebo. Disse Jesus: "Não matarás; não cometerás adultério; não furtarás; não darás testemunho falso. Honra a teu pai e a tua mãe e ama a teu próximo como a ti mesmo". O moço lhe replicou: "Tenho guardado todos esses mandamentos desde que cheguei à mocidade. Que é o que ainda me falta?" Disse Jesus: "Se queres ser perfeito, vai, vende tudo o que tens, dá aos pobres e terás um tesouro no céu. Depois, vem e segue-me". Ouvindo essas palavras, o moço se foi todo tristonho, porque possuía grandes haveres" (MATEUS, 19:16 a 24).

Essa passagem traduz a angústia do *homem no mundo,* dividido entre os apelos do mundo material e seu destino de iluminação espiritual. O jovem rico representa a consciência não desperta para os tesouros essenciais da vida, presa aos formalismos do conhecimento. Mas, ao mesmo tempo, ele queria encontrar o caminho da salvação (libertação). Ele tinha conhecimentos sobre a vida e suas leis, mas "guardava-os". Quando Jesus lhe propõe "vai vende tudo que tens e dá aos pobres" não se referia à riqueza material, mas à riqueza de conhecimento que estava *guardada,* demonstrando, assim, que seria muito mais fácil distribuir uma esmola, um pão que sobra. Todavia, o difícil seria distribuir aquilo que lhe pertence, podendo-se, pois, realçar que, na visão Espírita, o que é propriedade legitima do homem, "é aquilo que ele traz ao encarnar e o que ele leva ao desencarnar" (ESE, cap. XVI, it. 9). Logo, a riqueza, que ele detinha, era o conjunto de informações que estavam guardadas. Então não basta ser um depositário de informações; é cativante ver-se uma pessoa falar coisas maravilhosas e empolgar as massas; mas se a vida daquela pessoa não é uma vivência, uma materialização de todo aquele recurso, do que adiantou? Para Jesus, esse comportamento era tal e qual o que Ele condenava, em alguns dignitários judeus, quando falou: "Assemelhai-vos a sepulcros caiados, que por fora realmente parecem formosos, mas interiormente estão cheios de ossos mortos e de toda imundície! (MATEUS 23:27.)

A busca do significado da vida, traduzida na pergunta do Mancebo Rico: "Que farei de bom para adquirir a vida eterna?" não pode corresponder ao isolamento. Àquele jovem faltava o testemunho do compartilhamento do seu tesouro, sem o que o significado da vida seguiria, para ele, sendo um mistério. Esse significado não se entrevê somente com informação, e, sim, numa ação com outra pessoa. Os homens se dão a conhecer não pelo discurso, mas pela vida. O significado da vida de Gandhi é conhecido pelo discurso ou pela vida? Os evangelhos são "a vida de um homem através de outras vidas" (Amélia Rodrigues), logo, resulta de uma ação transformadora, educativa, compartilhada no mundo com outros semelhantes.

Isso remete ao sentido profundo da caridade, conforme foi, sinteticamente, tratado no item anterior, porque a caridade é "benevolência para com todos, indulgência para com as imperfeições alheias e perdão das ofensas" (LE, q. 886). Por conseguinte, ela é uma virtude eminentemente relacional: a atitude benevolente só se efetiva diante de alguém; a indulgência exige a presença do imperfeito (o outro), como o perdão é dirigido a um ofensor. Assim, não se pratica caridade no discurso, porém, através das relações no mundo com o outro. Se o tesouro não for compartilhado, distribuído, é inevitável a reprodução da indiferença e do egoísmo, que são a negação da caridade.

Assim, o espírita deve se sentir convocado a novas perspectivas de viver a vida — que é contínua — e de estar neste mundo, posto que é movido pelas relações que se estabelecem entre os homens nas sociedades. Deve-se, pois, deixar de centrar-se em si mesmo, "guardando seu tesouro", tal como o jovem da parábola, buscando novo posicionamento no mundo: a do homem de bem.

Léon Denis — o grande filósofo do Espiritismo — teve a feliz oportunidade de aproveitar a convivência com Kardec, expondo em suas obras *O porquê da vida* e *O grande enigma*, duas importantes afirmações:

> Eis a base, o verdadeiro incentivo de toda a civilização. *Conforme o ideal, assim é o homem.* Para as coletividades, da mesma forma que para o indivíduo, a concepção do mundo e da vida é que determinam os deveres, mostrando o caminho a seguir, as resoluções a adotar[13] (o homem direciona sua vida a partir da sua visão de homem e de mundo).

Léon Denis viveu uma época em que fervilhava, no mundo, o materialismo ateísta, doutrina segundo a qual o homem é um ser é autogerado. O clima, sob esta visão, não permitia que as pessoas teístas se opusessem contra

---
13   DENIS, Léon. *O porquê da vida.* 1979, p. 17.

tal visão, porque seriam ridicularizadas. A morte de Deus era, então, anunciada. E em *O livro dos espíritos*, questão 1, Kardec indaga: "O que é Deus?". Esta indagação revolucionou a filosofia.

Sabemos que o espírito e o perispírito comunicam-se com o mundo das coisas, através das *frestas* que chamamos os cinco sentidos. E sobre a tarefa que cada um tem a realizar o filósofo afirma em sua obra *O grande enigma* que:

> [...] A tarefa que cada um tem a realizar resume-se em três palavras: saber, crer, querer — isto é, saber que temos recônditos e inatos recursos incalculáveis; crer na eficiência de nossa ação sobre os dois mundos, o da Matéria e do Espírito; querer o Bem, dirigindo o nosso pensamento para o que é belo e grandioso, conformando as nossas ações com as leis eternas do trabalho, da justiça e do amor (p. 38).

Uma empolgante questão se levanta: é possível alargar as próprias frestas e ouvir e ver em totalidade? Ou seja, ampliar a percepção sobre o papel do homem no mundo e ampliar a consciência sobre seu próprio papel? A filosofia e ciência espírita, ao lado de outras ciências, auxiliam essa compreensão. Conforme comentário de Kardec, ao final do capítulo III, primeira parte de *O livro dos espíritos*, "as ideias religiosas, longe de perderem alguma coisa, se engrandecem, caminhando de par com a Ciência. Esse o meio único de não apresentarem lado vulnerável ao cepticismo". Inclusive, em *O evangelho segundo o espiritismo*, capítulo I, Kardec dedica um item, denominado de "Aliança da Ciência e da Religião", em que enfatiza que "são as duas alavancas da inteligência humana: uma revela as leis do mundo material e a outra, as do mundo moral. Tendo, no entanto, essas leis o mesmo princípio, que é Deus, não podem contradizer-se". Interessante notar que Kardec, no mesmo item, enfatiza que a incompatibilidade entre ambas, que se julgou existir, é fruto "de uma observação defeituosa e de excesso de exclusivismo, de um lado e de outro".

O homem, portanto, imbuído da fé em Deus, conforme propõe Kardec, em *O evangelho segundo o espiritismo* — "Fé inabalável só o é a que pode encarar a razão, em todas as épocas da humanidade." — buscará os meios para alargar as frestas do entendimento sobre seu papel no mundo e, intrinsecamente, sobre a sua trajetória evolutiva, sem descambar para o misticismo e explicações ou justificativas em torno dos porquês. Segundo Kardec, "a fé necessita de uma base, base que é a inteligência perfeita daquilo em que se deve crer. E, para crer, não basta ver; é preciso, sobretudo, compreender" (ESE, cap. XIX, it. 8).

Constituída a base em sólidas estruturas — Espiritismo Cristão — volta-se o homem para questionamentos de caráter existencial, sobre a origem da vida, sobre o destino do ser, sobre a dor, a verdade, a felicidade, sobre a justiça e liberdade, enfim, inúmeras questões muito além das questões materiais, mas muitas delas decorrentes do estágio e do estado material, em que se encontram. Por exemplo, uma pessoa em estado de extrema miséria, em estágio terminal de alguma doença, fará esses questionamentos sob ângulos diversos daqueles que ainda não experimentaram maiores sofrimentos morais e físicos, na presente encarnação.

O homem é um ser livre — dizem todas as filosofias. É ele que constroi sua liberdade. O maior filósofo de toda a história, Jesus, diz: "Buscai a verdade e ela vos libertará!".

O que é a verdade? Pode-se afirmar que ela está consubstanciada na procura incessante, na ampliação de conhecimentos. Na visão socrática, o homem busca incessantemente a verdade.

O prefácio de Emmanuel, no livro *Libertação*, apresenta a lenda egípcia do peixinho vermelho, que se precipita para fora do poço, junto ao lago, e vê o mar.[14] Após várias experiências e reflexões, volta extasiado ao aquário e faz grandes esforços no sentido de os peixes, que haviam permanecido no poço, entendessem que o mundo não era o que imaginavam. Não obstante seus esforços, eles não acreditaram e o peixinho vermelho foi expulso, retornando ao Palácio de Coral, a aguardar o tempo das mudanças. A lenda exemplifica o exercício da liberdade e o processo da busca da verdade, que é a busca do conhecimento, e, principalmente, do *conhecimento de si mesmo*, no sentido recomendado por Santo Agostinho (LE, 919).

A busca do conhecimento, com base na fé em Deus raciocinada, conduzirá aquele que deseja trabalhar pela sua evolução, a penetrar, inevitável e mais profundamente, no sentido do seu papel social.

Sobre a necessidade de praticar o bem para evoluir, Kardec expõe:

> Não só ela (a verdadeira caridade) evitará que pratiqueis o mal, como também fará que pratiqueis o bem, porquanto

---
14 XAVIER, Francisco Cândido. *Libertação*. 1971.

uma virtude negativa não basta; é necessária uma virtude ativa. Para fazer-se o bem, mister sempre se torna a ação da vontade; para se praticar o mal, basta as mais das vezes a inércia e a despreocupação (ESE, cap. XV, it. 10).

Aqueles que são providos de recursos na presente encarnação, tidas como riquezas (recursos materiais, intelectuais, espirituais, culturais, saúde física e mental, condições de trabalho, possibilidades de estudo e progresso, ocupações estratégicas para a sociedade, autoridade, destaque em comunidades, associações, etc.), não poderão olvidar que existem almas a seu cargo e que responderão pela boa ou má diretriz que deem às suas ações. Kardec auxilia a compreensão dos processos de entendimento dessas questões, ao inserir o texto do Cardeal de Morlot, no capítulo XVII, em *O evangelho segundo o espiritismo*, item 9, abordando a temática "Sede Perfeitos". No texto, o Cardeal afirma que:

> [...] Todo homem tem na Terra uma missão, grande ou pequena; qualquer que ela seja, sempre lhe é dada para o bem; falseá-la em seu princípio é, pois, falir ao seu desempenho.

A vida do Dr. Bezerra de Menezes é um exemplo de quem assumiu sua missão na Terra, distribuindo todas as suas "riquezas", sem falsear os princípios voltados ao bem. O editorial da revista *Reformador* (nov. 2008) resume a trajetória de vida desse Espírito, durante a sua última encarnação, no orbe terrestre:

> [...] Consciente da responsabilidade assumida, Bezerra de Menezes teve uma existência plenamente voltada ao bem em todas as suas atividades: familiares, sociais, profissionais, como médico — assistindo especialmente os mais necessitados, o que lhe deu o título "Médico dos Pobres" —, como político — atendendo aos interesses da nação e da sociedade em geral —, e, posteriormente, como dedicado trabalhador do Espiritismo, empenhado em seu estudo, na sua divulgação e na sua prática, por reconhecer nesta Doutrina um instrumento para a Humanidade sair do egoísmo e do orgulho em que se encontra e construir um mundo novo, assentado na fraternidade e na solidariedade.

Entende-se como princípio a Lei de amor, de justiça e de caridade, na sua mais profunda acepção. Portanto, qualquer falseamento, distorção, deturpação, dissimulação, etc., em torno desse princípio, quer significar que se pode estar fazendo qualquer outra coisa, menos cumprindo com a missão, que cabe a cada um na Terra.

O referido texto trata também das responsabilidades dos superiores em relação aos seus inferiores, e dirige ao leitor possíveis questões que Deus (a consciência das leis divinas) fará a todos os seus filhos:

> [...] Que fizeste da riqueza que nas tuas mãos devera ser um manancial a espalhar fecundidade ao teu derredor? Que uso fizeste dessa autoridade? Que males evitaste? Que progresso facultaste?

São questões de extrema profundidade, com endereço a toda e qualquer "riqueza" que o homem detenha ao reencarnar na Terra. Encontra-se implícito, no texto citado, o uso de toda a "riqueza" a favor da sociedade, ou seja, não somente restrito ao templo religioso ou ao centro espírita. Novamente, são concepções que remetem ao posicionamento do homem no mundo, em todos os seus âmbitos de ação: família, comunidade, trabalho, etc. A noção de coletividade, que deve estar embutida na ação do espírita, encontra-se expressa na afirmativa de Henri Heine, item 3 do capítulo XX de *O evangelho segundo o espiritismo*, sobre "Os trabalhadores da última hora":

> [...] Últimos chegados (os espíritas), eles aproveitam dos labores intelectuais dos seus predecessores, porque o homem tem de herdar do homem e porque coletivos são os trabalhos humanos: Deus abençoa a solidariedade.

Em *A gênese*, Kardec dedica o último capítulo (XVIII) para aprofundar o tema "Os tempos são chegados", em que o planeta passará da categoria de mundo de provas e de expiações para a de regeneração. Kardec trabalha o tema em dois itens: "Sinais dos tempos" e "A nova geração". Em Sinais dos tempos, ele retoma o tema relacionado ao progresso, abordado em *O livro dos espíritos*, com a seguinte explanação:

> [...] Moralmente, a humanidade progride pelo desenvolvimento da inteligência, do senso moral e do abrandamento dos costumes. Ao mesmo em tempo que a melhoria do globo se opera sob a ação das forças materiais, os homens para isso concorrem pelos esforços de sua inteligência. Saneiam as regiões insalubres, tornam mais fáceis as comunicações e mais produtiva a terra (it. 2).

É certo que, para o homem concorrer com sua inteligência para o melhoramento moral e material do planeta, quanto mais consciente estiver sobre o sentido da verdadeira vida e do papel em que estiver posicionado na Terra, melhor cumprirá sua missão, conforme expõe Cardeal de Morlot.

No mesmo capítulo citado, Kardec discorre sobre a atividade de cooperação dos homens, na obra geral da civilização, rumo ao progresso e que, com a certeza da perpetuidade do ser espiritual e da relação entre os seres, com alternâncias das reencarnações, amplia a noção da relevância dos trabalhos coletivos e da solidariedade. O texto de Kardec aponta que:

> [...] Todas as ações têm, então, uma finalidade, porquanto, trabalhando para todos, cada um trabalha para si e reciprocamente, de sorte que nunca se podem considerar infecundos nem o progresso individual, nem o progresso coletivo (it. 16).

Assim, o papel do homem no mundo está intimamente relacionado aos quesitos que são levantados para considerar-se homem de bem, pois, no capítulo XVII do ESE, "Sede perfeitos", item 3, sobre "O homem de bem", destacam-se duas relevantes afirmativas que tornam claro o papel do Espírita, nas atividades assistenciais: "O verdadeiro homem de bem é o que cumpre a Lei de justiça, de amor e de caridade, na sua maior pureza".

E ainda:

[...] Se a ordem social colocou sob o seu mando outros homens, trata-os com bondade e benevolência, porque são seus iguais perante Deus; usa da sua autoridade para lhes levantar o moral e não para os esmagar com o seu orgulho. Evita tudo quanto lhes possa tornar mais penosa a posição subalterna em que se encontram.

Quando alguém tem amor no coração, busca os seus irmãos para partilhar essa felicidade, principalmente com aqueles que ainda não a conquistaram. É o amor que aproxima os seres, que os integra, que os permite conviver e sentir. Portanto, o crescimento, a evolução do ser, somente ocorre na comunhão com o outro. O amor é a negação do orgulho e do egoísmo e precisamos dos outros para exercitar tal negação. Sozinho, o orgulho e o egoísmo somente crescem.

> Chegou, então, Simão Pedro. Este Lhe disse: "Senhor, Tu me lavas os pés?". Respondeu-lhe Jesus: "O que Eu faço, tu não o sabes agora, mas compreendê-lo-ás depois". Disse-Lhe Pedro: "Nunca me lavarás os pés". Respondeu-lhe Jesus: "Se Eu não te lavar, não tens parte Comigo". Simão Pedro Lhe disse: "Senhor, não somente os meus pés, mas também as mãos e a cabeça". Declarou-lhe Jesus: "Quem já se banhou não tem necessidade de lavar senão os pés, mas está todo limpo" (JOÃO, 13:3 a 10).

Ele compreendeu, pois, que a grande dificuldade é desenvolver a capacidade de limpar os pensamentos, saneá-los. Mudar a visão de homem e de mundo. O apóstolo Simão Pedro quis lavar-se como um todo. Jesus, porém, não o permitiu, pois desejava lecionar a autotransformação de Simão, a partir dele mesmo. Como Joanna de

Ângelis comenta, trata-se de desidentificar-se dos hábitos e ideias perturbadoras, da conduta tormentosa, para identificar-se com a realidade plenificadora.[15]

Diante das abordagens sobre o homem no mundo, associado ao perfil do homem de bem, e, extraídas das obras básicas e complementares da Doutrina Espírita, desdobra-se o assunto em três eixos, para fins puramente didáticos, que favoreçam o aprofundamento das reflexões. Na vivência, esses eixos não se desdobram — são inter-relacionados.

a) O DESCOBRIR DO MUNDO E DO OUTRO:

O Cristo convidou a todos a amar o próximo como a si mesmo. Mas, as perguntas reflexivas que se fazem na sequência são: Quem sou eu? E quem é o próximo? Como se pode amar alguém, quando se desconhece o que é amar? E se a caridade é a expressão mais pura do amor, não sabendo me amar, não saberei ser caridoso/caridosa?

Portanto, não sucede um para depois suceder o outro. A descoberta de si ocorre na relação com o outro, mediatizado pelo mundo e por intermédio de uma demorada análise de si mesmo, como orienta Joanna de Ângelis, evitando que os "pensamentos se expandam em várias direções, afugentando-o do objetivo essencial propiciador do autoencontro".[16]

Na obra citada, a autora espiritual introduz as referências do místico e mestre espiritual russo Gurdjieff no estudo dos dois estados que os homens apresentam,

---

15 FRANCO, Divaldo Pereira. *O ser consciente*. 1993.
16 Ibid. p.144.

como decorrência do seu nível de consciência: adormecido e desperto. A partir daí, Joanna de Ângelis discorre sobre o processo de distração que obstaculiza o processo de despertamento e como que, lentamente, o homem emerge do sono para a conquista de outros níveis de consciência. Segundo a eminente autora espiritual, "ser consciente significa estar desperto, responsável, não-arrogante, não-submisso, livre de algemas, liberado do passado e do futuro".[17]

A descoberta do mundo e do outro se inicia com o desejo do despertamento para outros níveis de consciência que, naturalmente, conduzirão o homem à compreensão do amar ao próximo como a si mesmo. O ato de autoamor não é o desenvolvimento do egocentrismo. Quando a pessoa está no exercício do amor, busca conhecer como age e sente, como faz o que faz, refletindo sobre a sua maneira de agir consigo e com os outros e, bem assim, sobre o sentido profundo das suas ações. Ninguém pode caminhar, se não questionar a si mesmo e se aperceber do outro, como um hábito reflexivo contínuo.

Enfatizando essa percepção, e, procurando instrumentalizar o homem de condições de progredir nessa direção, Jesus asseverou que "amar o próximo com a si mesmo e fazer pelos outros o que queríamos que os outros fizessem a nós" é a expressão máxima da caridade (ESE, cap. XI, it. 4). Por isso, o outro, a todo instante, é a referência, por estar sempre em relação conosco e vice-versa. Portanto, ninguém evolui no isolamento. Jesus, ao convidar todos a refletir sobre o que fazem uns pelos outros, coloca o

---

17   FRANCO, Divaldo Pereira. *O ser consciente*. 1993, p.146.

próprio homem como o sujeito da ação. Daí, a necessidade premente de autoconhecimento para amar e servir.

A pessoa que passa pelo mundo sem estar consciente de si, de suas conquistas, de seus limites, de seus desejos, tem muita dificuldade de se realizar e de buscar o outro, partilhando com ele a descoberta do mundo.

Os espíritas têm um manancial que não é comum chegar às mãos de outras pessoas. Apregoam a obra evangélica e podem envolver as pessoas, conscientemente, em laços de amor e, por exemplo, diminuir as causas da violência que são provenientes do desamor. Porém, trata-se de uma ação que exige conhecimento, desprendimento, vontade e sentimento verdadeiro para com o próximo. Jesus não é um *slogan* para cartazes, é uma mensagem de vida abundante.

b) A INTERDEPENDÊNCIA ENTRE OS SERES

A afirmativa de Jesus "amar o próximo com a si mesmo; fazer pelos outros o que queríamos que os outros fizessem a nós" (ESE, cap. XI, it. 1 e 2) permite refletir igualmente sobre a interdependência entre os seres, no processo evolutivo.

A ordem natural da nossa evolução é de que nos tornamos interdependentes. Há uma faixa de evolução do homem em que ele é totalmente dependente: a infância. Na questão 383 de *O livro dos espíritos*, Kardec indaga os Espíritos sobre "qual, para este (Espírito), a utilidade de passar pelo estado da infância", sendo que a reposta enfatiza a responsabilidade daqueles que estão incumbidos da sua educação, como pais ou como aqueles que assumem esta função, professores, etc.

Encarnando, com o objetivo de se aperfeiçoar, o Espírito, durante esse período, é mais acessível às impressões que recebe, capazes de lhe auxiliarem o adiantamento, para o que devem contribuir os incumbidos de educá-lo.

É digno de nota que, além da interdependência que se estabelece entre aqueles que reencarnam no mesmo grupo familiar (consanguíneo ou por afinidades), o fato da infância ser mais acessível às impressões, pela delicadeza da idade infantil, tanto estas podem ser positivas quanto negativas. Na interdependência entre as pessoas, são fatores que irão permear e dar o colorido às relações. Inúmeras vezes, as impressões negativas do presente, somadas àquelas que o indivíduo traz de outras encarnações, são ocultadas ao consciente, mas emergem em atitudes, comportamentos, etc., e despontam na Casa Espírita, requerendo dos espíritas profunda compreensão e uma convivência amorosa, traduzida em verdadeira comunhão, porquanto o homem cresce, se desenvolve e se realiza em comunhão com os outros.

Nesse processo de comunhão, observemos Jesus. Buscou 12 companheiros para formar um grupo, num ato de comunhão. No colégio apostólico, cada um tinha uma função e foi criada uma interdependência entre eles. Na última ceia, o Cristo toma o pão ázimo e, partindo-o, diz: "Isto é o meu corpo" (MATEUS, 26:26 a 28). Propõe que aquele ato de congraçamento se repita entre eles. Compreende-se que os homens não se libertam solitariamente; libertam-se somente em comunhão.

Se os espíritas desejam ser trabalhadores do Cristo devem servir. Servir não é ser submisso, não é ser escravo, como também não é dominar o outro. Quem autorizou a manipulação de pessoas e a determinar comportamentos? Certamente, não foi Jesus!

"Meus filhinhos, amai-vos uns aos outros", repetia o apóstolo João, o Evangelista, em sua velhice.[18] E, se conforme Kardec em *A gênese*, cap. XVIII, item 17, "a fraternidade será a pedra angular da nova ordem social", não será sem amor entre os homens que ela se instalará no orbe terrestre, daí haver a imperiosa necessidade da interdependência.

c) O GRUPO E SUA DINÂMICA.

Jesus caminhava entre os homens e o fazia ladeado pelo grupo que O seguia, observava-O, discutia com Ele as questões que os aturdiam, na intimidade do convívio fraterno. Assim, procedia Jesus: percebeu um homem, que subira num sicômoro, a observá-Lo e disse: "Zaqueu, dá-te pressa em descer, porquanto preciso que me hospedes hoje em tua casa" (ESE, cap. XVI, it. 4). Jesus havia se sensibilizado, percebendo que o homem O observava. Doutra feita, dirigindo-se a uma prostituta observa-lhe o grande potencial de amor, de que era portadora. Jesus falava diretamente aos corações, em uma fala contextualizada ao entendimento daqueles que o ouviam e seguiam. E falou de uma forma que legou à humanidade conceitos sempre atuais e necessários à evolução humana. Por que a comunidade que

---

18 KARDEC, Allan. *O evangelho segundo o espiritismo*. 1975, cap. XI, no penúltimo parágrafo do item 9.

acompanhava o Cristo aumentava considerável e constantemente? Por que diferia então o modo de receber os novos que O procuravam ou aos seus discípulos?

Jesus estava sempre atento a cada pessoa à sua volta: suas diferenças, semelhanças, particularidades, expressões, tendências, etc. O tratamento que Ele dispensava a cada um era individualizado; ou seja, não era massificado. Contudo, vivia com seu grupo, com espaços de refazimento e, quando se isolava para orar, todos O respeitavam.

Observemos a dinâmica dos grupos de modo geral: quais os objetivos e laços que unem uns aos outros? Como se compõe sua força interna e como ela se relaciona com o exterior?

Da mesma forma que há muitas moradas na casa do Pai (ESE, cap. III,), a Casa Espírita precisa abrir os braços para todos que nela chegam, levando-os à sensação de serem membros atuantes, de alguma forma. O acolhimento e sentimento de pertença é que permitirá que as pessoas sintam-se parte do grupo espírita e se predisponham ao trabalho voluntário, aos estudos e, como consequência, ao aprimoramento moral individual e coletivo.

A principal força do grupo é a própria negação do egoísmo. A primeira etapa de um grupo, para se tornar enquanto tal é a de romper com o egocentrismo. O verdadeiro grupo humano abre-se para o mundo para acolher outras pessoas.

Nos espaços de convivência (vida social), a insegurança pessoal é que determina o medo de perder os cargos, as posições, o controle e o poder. A nota de Kardec à questão 768 de *O livro dos espíritos*, na qual os Espíritos explicam que o homem não progride no insulamento, atesta a necessidade da interdependência para o progresso dos homens:

> Homem nenhum possui faculdades completas. Mediante a união social é que elas umas às outras se completam, para lhe assegurarem o bem-estar e o progresso. Por isso é que, precisando uns dos outros, os homens foram feitos para viver em sociedade e não insulados.

Deve-se respeitar a personalidade de cada um e buscar formar a própria consciência, ampliando cada vez mais a noção sobre a verdade contida nas Leis divinas.

A base deste processo nos grupos espíritas pode ser compreendida por meio da antecipação social, conceito muito utilizado em psicologia, referente à inserção de um novo membro em um grupo, diante da reação dos demais. Dependendo das atitudes, as pessoas podem ser rejeitadas ou aceitas, acomodarem-se ou modificarem-se. Quando se ingressa em um grupo, as pessoas podem receber os novos integrantes com carinho, simpatia ou com resistência, antipatia, e isto vai contribuir para mudar o comportamento inicial ou neste permanecer. As atitudes positivas ou negativas dos membros de um grupo para com o recém-chegado constituem a antecipação social dessas pessoas em relação ao novo componente que será, assim, favorável ou desfavorável à sua integração. Pode acontecer, num grupo espírita, a formação de uma antecipação social negativa, por diversos motivos.

Atualmente, algumas pesquisas demonstram tão profundamente a problemática da antecipação social, que ela permite não só olhar para o ambiente familiar, em relação ao novo ser que chega, gerando expectativas, sentimentos, formação dos pensamentos, etc., como também reações e posicionamentos surgidos no interior da família, diante dessa situação.

Receber um novo membro no grupo espírita é partilhar, apoiar; é sentir com ele suas necessidades, nem sempre visíveis; é preciso mobilizar sentimentos. Deve-se lembrar da recomendação do bom samaritano quando deixa o homem na estalagem: "cuida bem deste homem...". Seguindo tal recomendação é importante refletir como as pessoas estão recebendo, acolhendo, cuidando de seus irmãos nos grupos espíritas?

Na verdade, o grupo espírita não precisa de "líderes". É dando as mãos e complementando-se que se abrem as comportas da convivência.

Outra característica fundamental na dinâmica dos grupos é ser claro e objetivo. "Seja o teu falar sim, sim; não, não". É inspirar confiança no outro. É ser honesto e não gerar insegurança.

Esta característica se complementa com o ser sincero. E Jesus disse: "... apresentai a outra face..." para mostrar o lado da compreensão. Chamar o outro à parte e fazer-lhe ver o erro, sem exigir que ele aceite.

Para ser cristão, é preciso ser sincero. Não é ser mal-educado. É ser fraterno. É envolver o que se necessita dizer num laço de amor. Procurar sondar o que o outro está sentindo, é dar-lhe espaço e o acolher; ouvir mais do que falar, evitando azedume e aborrecimentos, sempre atentos à recomendação de Paulo: "Confessai, portanto, os vossos pecados uns aos outros, e orai uns pelos outros, para serdes curados" (TIAGO, 5:16).

Estar com o outro, é, antes de tudo, olhar para ele, e sentir com ele as suas necessidades mais profundas, aquilo que não está visível, e isto somente é possível, quando houver um legítimo engajamento e sentimento profundo da verdadeira caridade, já que "a verdadeira generosidade adquire toda a sublimidade, quando o benfeitor, invertendo os papéis, acha meios de figurar como beneficiado diante daquele a quem presta serviço" (ESE cap. XIII, it. 3).

O engajamento é fazer-se presente para além das grandes calamidades que nos impelem aos grandes impulsos generosos. É fazer-se presente naquelas particularidades da vida que passam despercebidas; é saber descobrir os infortúnios discretos e ocultos, sem esperar pedidos de assistência (cap. XIII, it. 4, Os infortúnios ocultos).

O homem não ficou contemplando o mundo, pois dessa forma não haveria evolução. Ele agiu, é ator e sujeito da sua própria história e, a cada passo, muda-a individual e coletivamente. São dimensões que não se separam em uma relação de reciprocidade. Jesus assim disse: "Vos sois deuses" (João, 10:34). Quando age em busca de um ideal, do progresso social, do bem estar individual e coletivo, o homem exercita o amar com plenitude e sente-se em harmonia com as Leis divinas. É nesse engajamento que o homem vai-se constituindo como tal e construindo o seu mundo. Ao fazer isto, se reconstrói.

É por meio do trabalho material e intelectual (aprendizado e reflexão) que o homem vai aprendendo a criar e recriar. E isto está para além da atividade profissional; é participar do mundo, da sociedade; é buscar sua condição de homem integral, que se realiza pelo trabalho (enquanto atividade útil), reconhecendo-se através dele, mas sempre consciente desta condição, porque está nele inserido e dele participa ativamente. O Espírito da Verdade (ESE, cap. XX, it. 5, Os obreiros do Senhor) diz que "ditosos serão aqueles que puderem dizer aos seus irmãos: trabalhemos juntos, e unamos os nossos esforços, a fim de que o Senhor, ao chegar, encontre acabada a obra". O Espírito Erasto (ESE, cap. XX, it. 4, Missão dos espíritas) exorta os espíritas a se encherem de coragem e partirem (ação consciente e participativa na sociedade) para a tarefa de mover as montanhas de iniquidades, para que as futuras gerações somente as conheçam como lenda.

Nesse engajamento consciente na tarefa de transformação de si e do meio (trabalho renovador), constrói-se o homem de bem, à medida que se reconhece como alguém que pratica a Lei da justiça, amor e caridade, na sua maior pureza. E se reconhece a partir da reflexão que o faz interrogar a sua consciência sobre os próprios atos, perguntando se não violou essa lei, se não cometeu o mal, se fez todo o bem que podia, se não deixou escapar voluntariamente uma ocasião de ser útil, se ninguém tem do que se queixar dele; enfim, se fez aos outros tudo aquilo que queria que os outros fizessem por ele (ESE, cap. XVII, it. 3, O homem de bem).

3
CATEGORIAS DA METODOLOGIA DO ECCET

O capítulo anterior abordou os três grandes fundamentos da assistência e evangelização na perspectiva espírita: trabalho, evolução socioespiritual e caridade. Fundamentos que quando compreendidos e praticados promovem a evolução socioespiritual de assistentes/evangelizadores–assistidos/evangelizandos, ultrapassando o assistencialismo gerador de dependência.

Como isso se traduz nas atividades assistenciais se todos caminham no processo evolutivo de forma cooperada? Como lidar com as diferenças e com as relações entre as pessoas no Serviço Assistencial Espírita?

O presente capítulo aborda o tema como "metodologia" (forma de sentir, pensar, conceber e agir) desdobrando-o didaticamente em categorias (espaço de convivência, criatividade, educação e trabalho), baseadas nos fundamentos apresentados no capítulo anterior. A metodologia tem na Parábola do bom samaritano e na maneira como a Casa do Caminho (primeira obra de caridade baseada nos princípios cristãos) tratava os pobres e miseráveis da época, e como seus abnegados trabalhadores se relacionavam com eles, os referenciais da prática da verdadeira caridade.

Da Parábola do Bom Samaritano compreende-se o tempo dedicado ao próximo; o sentir e o cuidar, sem transferir a responsabilidade, que pede envolvimento e apoio, significando conviver com o próximo, viver a mensagem, no dia a dia.

Encontra-se a mesma referência no trabalho da Casa do Caminho. Trata-se da exaltação à solidariedade, que permite sentir-se com o outro, desvelando o seu sofrimento, e, amparando-o em sua dor. No ESE (cap. V, it. 27), o Espírito Bernardin sugere que cada um perceba-se como instrumento da Providência divina e verifique as suas possibilidades, meios e condições ao seu alcance para aliviar o sofrimento de irmão, segundo a Lei de amor e caridade.

É nessa perspectiva que a Metodologia do Espaço de Convivência, Criatividade e Educação pelo Trabalho (ECCET) é apresentada a seguir. Mário Barbosa insistia que a metodologia não deveria ser apreendida como um receituário ou modelo para ser aplicado e, sim, como a maneira de viabilizar o trabalho Assistencial Espírita, a Evangelização (de crianças, jovens e adultos), e a própria convivência no cotidiano da Casa Espírita. A compreensão e prática das categorias favorecem a relação entre os ideais cristãos e as possibilidades reais de viver a mensagem, no contexto em que se está inserido.

3.1
O SENTIDO DAS CATEGORIAS (NA EVANGELIZAÇÃO E NO TRABALHO ASSISTENCIAL)

A proposta discutida por Mário Barbosa pode ser aplicada em qualquer atividade doutrinária e realidade sociocultural, não sendo, assim, uma metodologia exclusiva do trabalho assistencial, mas a ele se vincula por se constituir numa compreensão ampliada da caridade.

A principal influência da Metodologia ECCET em alguns Centros Espíritas de Belém, São Paulo, Mato Grosso e Santa Catarina, entre outros estados, deu-se nos trabalhos assistenciais, visando aproximar a prática dessas atividades, à maneira como o Cristo exemplificou e que os espíritas cristãos procuram vivenciar, espelhada, igualmente, na forma como os primeiros cristãos agiram na "Casa do Caminho".

Como a própria nomenclatura indica, esta vivência cristã implica articular conscientemente as seguintes categorias: espaço de convivência, criatividade, educação e trabalho, detalhadas a seguir.

3.2
ESPAÇO DE CONVIVÊNCIA

A compreensão da categoria de *espaço* no contexto da metodologia ECCET extrapola sua dimensão física e se define mais propriamente por sua dimensão relacional. É o espaço das relações interpessoais, grupais, familiares, geracional, etc. É nesse espaço de relações sociais e espirituais que se processa a afirmação dos valores cristãos, preconizados pelo Espiritismo: fraternidade, igualdade, liberdade, diversidade, justiça, respeito mútuo; numa palavra, relações baseadas na caridade. E esse espaço nunca é dado *a priori*, quer dizer, é um processo de construção progressiva, onde se exercita a pedagogia cristã, em que todos crescem social e espiritualmente.

Nesse espaço a desigualdade que aparece na condição de "necessitados" e "assistentes" deve ser trabalhada continuada e progressivamente, na perspectiva que nos recomenda Cáritas: *"A caridade liga o benfeitor ao beneficiário e* se disfarça de tantos modos" (ESE, cap. XIII, it. 14) (grifo nosso).

Como *espaço,* entende-se muito menos o espaço físico, enquanto estrutura predial, e muito mais a valorização do espaço relacional, que também é cultural, pois o atendimento também pode ser feito nas ruas, nas residências, além de na própria Casa Espírita. Naturalmente, com a evolução dos atendimentos, precisa-se de um espaço físico para realizar as atividades, mas este não pode e nem deve ser o principal aspecto para que as atividades assistenciais aconteçam.

Jesus atendia, orava e fazia suas prédicas junto à natureza, na casa das pessoas, nas ruas. Ele mesmo dizia que "o campo é o mundo" (MATEUS, 13:38), dando a entender que o cristão deve estar preparado e atento para a realização do bem onde ele estiver. O bom samaritano atendeu ao homem caído no local onde ele estava e somente depois o levou à hospedaria.

Com isso, a Metodologia não propõe que se saia às ruas, fazendo proselitismo ou atendendo a pessoas, de forma indiscriminada. Um espaço significa aquilo que se constrói um com o outro, em uma dinâmica sociocultural. É o espaço que se cria entre as pessoas na relação de convivência. O fundamental é colocar-se com disposição e tempo para o trabalho com o outro, permitindo a criação de um espaço relacional, afetuoso e reconhecedor do outro como sujeito.

Repetindo, trata-se de criar um espaço, que não é o espaço físico em si, que pode ser algum ambiente. Trata-se do espaço de confiança e reciprocidade, que permite que valores sejam vividos e transmitidos como tal. Não se trata de um espaço improvisado e/ou imposto, em que se obriga que o assistido sente-se, ouça uma palestra, receba um passe, e retorne a sua vida sem nenhuma outra referência de relações fraternas. Trata-se de um espaço construído no dia a dia, de conversa feliz, amigável, como que aquele diálogo que mantinha Jesus com seus apóstolos e amigos. Quanta beleza, quanta riqueza naqueles diálogos extraordinários!

Esse espaço é mediado pelas palavras, gestos e atitudes e tudo o que nele se sucede é legitimado por aqueles que deles participam e se relacionam, consciente ou inconscientemente. Quando se distingue "o outro" nesse espaço, quando se reconhece o outro como sujeito, abre-se um novo espaço de conversação em que o outro aparece em sua integridade e legitimidade, mesmo que debilitado, como o homem caído na estrada entre Jerusalém e Jericó. O homem debilitado à beira do caminho foi visto pelo samaritano como um irmão em Deus, independente da sua história de vida, não revelada na parábola.

Os espaços são, portanto, também de conversação. Não envolvem somente palavras, mas, emoção, saber escutar, saber nutrir-se na relação, sentir harmonia no viver e conviver com o outro nesse espaço relacional. Conforme comentado anteriormente, é inverter os papéis e sentir-se beneficiado na relação com o outro (assistido, evangelizandos, etc.). Para a construção das relações, é "indispensável cuidar do coração, como fonte emissora do verbo" e "vigiar a boca, porque o verbo cria, insinua, inclina, modifica, renova ou destrói, por dilatação viva de nossa personalidade".[19] A Metodologia propõe que o "espaço" gere confiança recíproca para que as conversações possam ser reflexivas para todos, com respeito às diversidades e liberadoras de fraternidade, solidariedade e afeto sincero. Deve proporcionar aproximações sucessivas, que promovam o despertamento conjunto, responsabilidades coletivas, participação e autorrealização.

A síntese da Parábola do bom samaritano[20] está na resposta que o Doutor da Lei profere ao ser interpelado pelo Cristo: "Qual desses três te parece ter sido o próximo daquele que caíra em poder dos ladrões?". O doutor respondeu: "Aquele que usou de misericórdia para com ele". "Então, vai", diz Jesus, "e faze tu o mesmo".

Vá e seja misericordioso com o seu semelhante, torne-o próximo a você. Jesus não quis se referir à proximidade física em si, mas à proximidade pelo grau de interesse na pessoa do outro, pelas relações que se estabelecem entre as pessoas. Naturalmente, para se ter maior proximidade é preciso um convívio em determinado tempo e espaço (proximidade física). Contudo, sem a vontade de estreitar

---

19 XAVIER, Francisco Cândido. *Vinha de luz*. 1987, cap. 97, p. 207-208.
20 LUCAS, 10:25 a 37.

laços, de permitir que o outro se manifeste na relação, sem estar fisicamente próximo provavelmente se acentuará a indiferença, o descaso e o distanciamento entre as pessoas, convindo observar que o exemplo dessa necessária afinidade deu-nos o Cristo, que sempre buscava ir diretamente ao encontro dos corações!

Daí se deduz que o Cristo propõe a *convivência* como uma condição para transmitir e viver a pureza da sua mensagem de Amor.

"Revelar ao outro quem é Jesus", conforme Simão Pedro referiu na Casa do Caminho,[21] quando Paulo, já recuperado da longa enfermidade, ao guardar o mesmo leito que pertencera a Estevão, percorre a intimidade daquela casa, e indaga àquele companheiro onde estão aqueles pobres, aqueles sofridos de ontem, aqueles que Abigail lhe dissera naquele encontro que tivera com Jesus, quando da sua descoberta da Boa-Nova. Eram, justamente, aqueles convidados de Jesus para o banquete: os estropiados, os miseráveis, os mendigos, os necessitados, representativos das almas já tangidas pelo sofrimento, pela dor, que estavam mais disponíveis para aceitar a mensagem de renovação e de esperança.

Então, Paulo, com a honestidade que lhe era peculiar, indaga a Pedro, agora seu companheiro de apostolado, o que acontecera desde as primeiras perseguições que ele, Paulo, ordenara pessoalmente contra os cristãos. Após a narrativa feita por Pedro, ouvida com atenção por Paulo, este questiona: "Pedro, como é que você consegue caminhar ao lado dos fariseus". E a resposta veio esclarecedora:

---

21 XAVIER, Francisco Cândido. *Paulo e Estêvão*. 1975.

"Paulo, *é caminhando com eles que eu posso mostrar-lhes Jesus"* (grifo nosso).

É preciso, pois, conviver com aqueles companheiros que estarão sendo atendidos pelo trabalho assistencial numa visão ampliada, contemporânea. Ninguém caminha ao lado de alguém, se não estiver, de fato, por inteiro, ao lado desse alguém. "Mostrar Jesus" a cada passo, e por quantos passos forem necessários, era a proposta da Casa do Caminho: era, pois, vital o espaço e o tempo para conviver e caminhar, ao lado dos convidados de Jesus.

Sendo "o Evangelho — a nova ou a boa-nova — a mais expressiva história de uma vida, através de outras vidas, iluminando a vida de todos os homens",[22] como elucida Amélia Rodrigues, no Posfácio da obra *Primícias do reino*", o fundamental da mensagem do Cristo, que ele encerra, não se constitui somente em falar Dele em si, mas viver sua mensagem no dia a dia. Jesus, em seus diálogos e conversações, se envolvia profundamente com o outro, durante esses momentos. O Espírita-cristão deve agir como Simão Pedro, que procurava dar a melhor palavra de conforto, o melhor alento, o seu carinho e desvelo e, ao falar de Jesus, suas palavras eram coroadas pela sua vivência amorosa entre os convidados de Jesus. É, portanto, no ato de viver, de se construir, de se relacionar com o outro, que se transmite a mensagem, é, enfim, que se revela o Cristo e sua Boa-Nova.

A convivência é, portanto, fundamental no trabalho assistencial. É preciso dispor de um tempo suficiente, algumas horas para permanecer naquele lar, com aquela família,

---

22 FRANCO, Divaldo Pereira. *Primícias do reino*. 1987.

ou no Centro Espírita com aquele grupo de pessoas com quem se está trabalhando ou que se irá trabalhar. E nessa convivência, nesse "estar juntos", é que se terá oportunidade de lhes mostrar Jesus: "Brilhe a vossa luz diante dos homens, de modo que, vendo as vossas boas obras, glorifiquem o vosso Pai, que está no Céu" (MATEUS 5:14 a 16).

Assim sendo, insere-se outra reflexão de extrema relevância. O trabalho assistencial espírita não pode restringir-se a doações materiais, porque isso já constitui um direito fundamental do homem, embora assegurar esse direito seja algo imprescindível; mais do que isso, junto com isso, porém, é preciso mostrar-lhe Jesus e não tão somente falar sobre Ele, mas viver com ele à luz da Boa-Nova.

Benedita Fernandes, em mensagem contida no livro *Terapêutica de emergência*,[23] esclarece que o Espírito, ao reencarnar, recebe, durante a fase infantil, toda a carga emotiva daquele meio, daquela família, daquele grupo em que está. Joanna de Ângelis explica também que, muito mais do que poderíamos pensar, os pais moldam o caráter dos filhos e estes reproduzem as relações em que se acham envolvidos, com muita naturalidade.

Por isso, viver num ambiente onde as relações são dolorosas, desarmônicas, onde as relações familiares são muito críticas, as condições materiais, que daí emergem, são precárias e muito delicadas. Por exemplo, falar de amor como valor na família, falar sobre as relações afetivas para uma pessoa, com péssimas condições sociais de vida, requer muita habilidade. Isto porque as condições de vida em que essas pessoas vivem são muito dolorosas. Em um

---

23 FRANCO, Divaldo Pereira. *Terapêutica de emergência*. Violência. 1983, p. 52-55.

ambiente dessa natureza, sobreviver ao primeiro ano de vida requer um grande esforço, num verdadeiro corpo a corpo com o mundo, em que se luta contra a fome e as enfermidades, transpondo os primeiros passos, a rigor, mal alimentado, mal atendido. Quando uma criança, nesse nível, consegue chegar à escola, já se encontra muitas vezes desestruturada, psíquica e organicamente.

Se a criança apresenta problemas de conduta, não raro é forçada a abandonar o educandário, chocando-se com as exigências próprias da escola. Então, sob a ótica dessa criança, o mundo é bem amargo e injusto. Junto a essa pessoa, amarga e marcada, a metodologia recomenda conviver para lhe revelar quem é Jesus, através da vivência amorosa e caridosa.

Diante de um ato rebelde de um menino, a maneira tranquila, paciente, fraternal, com que o evangelizador irá abordá-lo e envolvê-lo é que irá revelar-lhe o Mestre. E pouco a pouco, a confiança, na convivência fraterna, se estabelece e podendo daí surgir o exercício da reflexão para a criação de novos valores. Assim fazia Jesus em seus inúmeros diálogos, com aqueles que Lhe cercavam e ouviam.

Na atitude menos feliz daquela irmã, daquela pessoa que se aproxima e usa de uma estratégia, falseando seus dados para alcançar ajudas materiais, o que fazer? Antes de tudo, é preciso conviver sem humilhar. Não é desmascarando o outro, mas é pensando no motivo pelo qual ela precisa usar de estratégias, para sensibilizar os trabalhadores da Casa Espírita. O que nós fizemos ou deixamos de fazer a ele para que necessite nos enganar? Cabe ao trabalhador refletir: "O que está acontecendo comigo para que ela precise mentir para que eu fique sensível? Logo, há alguma coisa errada. Eu não estou inspirando a confiança necessária naquela companheira, para que ela me diga a verdade, sem o temor de não ser assistida com dignidade".

Cabe, agora, a pergunta: O que nós fizemos, ou a nossa sociedade fez com essa pessoa para ela agir assim? Ou ainda, é preciso refletir se o trabalho está sendo desenvolvido na perspectiva de que as pessoas devem fazer um esforço profundo de aceitação da sua condição de vida ou se está atuando de maneira que as pessoas possam sentir-se em condições de construir sua trajetória, a partir de uma nova ética social: a cristã. A mentira não constrói, e a acomodação traz repetição dos modos de viver. O espírita deve atentar se sua prática, na Casa Espírita, está direcionada a uma práxis mantenedora da diferença, ou se se trata de uma práxis libertadora para ambos, com o exercício da verdadeira generosidade (ESE, cap. XII, it. 03), com a descoberta e o tratamento afetuoso dos infortúnios ocultos e com o engajamento necessário para mover as montanhas de iniquidades ao seu alcance (ESE, cap. XX, it. 04).

Ao se interessarem — realmente — pelo menino rebelde ou pela irmã que falseia para conseguir benefícios, os irmãos da Casa Espírita demonstram quem é Jesus pelos seus gestos autênticos, sinceros e, dessa maneira, podem ganhar o coração e a confiança desses irmãos em Deus.

Importante salientar que tanto os trabalhadores observam os "assistidos e evangelizandos", como estes observam os trabalhadores da Casa Espírita e, igualmente, fazem suas reflexões a partir de suas crenças e valores. Para o convívio fraterno, no qual uns lavam os pés dos outros, é preciso ter clareza sobre o processo de construção da relação de confiança, em que se precisa de espaço e de tempo, com real engajamento e participação autêntica.

Diante disso, muitos podem perguntar: "Como devo agir diante da pessoa?". O Espiritismo tem uma maneira peculiar de conceber o homem e o mundo. Léon Denis, no livro *O problema do ser, do destino e da dor*, no primeiro capítulo, pergunta de que forma vou agir, posicionar-me? Será, seguramente, a partir de minha visão de homem e de mundo.

Há pessoas que entendem que a vida começa na fecundação e termina com a morte do corpo. É uma maneira de ver o homem. Outra maneira é aquela que admite que o Espírito é criado antes do corpo, ao qual é destinado. E ainda que, quando morre o corpo, ele vai viver numa região espiritual, aguardando o Juízo Final. Para outros, não há nada.

Mas existe outra maneira de ver o homem e o mundo. Observemos o que refere Léon Denis: "Na planta, a inteligência dormita; no animal, sonha; só no homem acorda, conhece-se, possui-se e torna-se consciente".[24] E prossegue sua caminhada, ampliando a sua inteligência e construindo sua moralidade. Esta caminhada é ilimitada, porque "progredir sempre, tal é a lei".[25]

---

24 DENIS, Léon. *O problema do ser, do destino e da dor.* 2009.

25 Nota dos organizadores: fragmento parcial retirado da inscrição no dolmém do túmulo de Allan Kardec, no Cemitério de Père-Lachaise (Paris), que sintetiza a concepção evolucionista da Doutrina Espírita, cujo teor completo é: "Nascer, morrer, renascer ainda e progredir sem cessar, tal é a Lei". Visto em *Reformador* de 2003 (Editorial) e 2004 (Bicentenário de Allan Kardec), *Allan Kardec*: o educador e o codificador, de Zêus Wantuil e Francisco Thiesen.

Para algumas concepções, o homem é "colocado" no mundo ao acaso, sem participar da causalidade. Na concepção espírita, de forma simplificada, não se pode entender o homem sem entender o mundo, nem entender o mundo sem entender o homem. O homem e o mundo estão numa relação dialética de movimento e transformação, tanto que a Terra é um mundo em evolução, já passou por um estado primitivo e chegará a mundo celestial. Quem leva a Terra à evolução são os espíritos encarnados e desencarnados vinculados a ela. É a humanidade que faz dela um mundo, hoje, de provas e expiações, e amanhã, progressivamente, de regeneração, feliz e celestial.

No trabalho assistencial, a partir do entendimento que a Metodologia propõe, o espírita deverá se colocar diante daquela criança, adolescente, jovem, adulto, idoso, a partir da noção de que ali está um ser encarnado, como diz Benedita Fernandes, que vive "a negação do direito mínimo", devendo-se levar em conta que se trata da "mais torpe forma de violência contra o homem".[26] O necessitado pode vir buscar o atendimento por meio da violência, porque ele foi violentado e essa é a única linguagem que ele conhece. Assim, muitos trabalhadores dizem que a criança que chega à Casa Espírita vai logo mexendo, quebrando, etc.; ela apenas está vindo buscar aquilo que lhe foi negado pela sociedade. Então é preciso criar-se um espaço onde os seus direitos sejam garantidos e a reflexão possa ocorrer para que, com o tempo e convívio fraternal, a compreensão se dilate e ações se renovem.

---

26 FRANCO, Divaldo Pereira. *Terapêutica de emergência*. **Violência**. 1983, p. 52-55.

Grande parte das dificuldades da vida atual reside na questão da convivência, na ausência de tempo para conviver, para relacionamentos. Porém, tais dificuldades não são de agora, mas se tornaram muito mais aguçadas nos dias de hoje e são pouco trabalhadas na Casa Espírita. Inúmeras vezes, o trabalho acaba sendo desenvolvido no atropelo das dificuldades e com certa limitação, para tratar das questões mais delicadas do comportamento e relacionamento; o que se vive são momentos de tensão, em que muitos trabalhadores aguardam o final da tarefa para relaxar. Em outras situações, têm-se a exclusão sistemática das pessoas que possam gerar problemas ou conflitos, muito menos pela intenção de excluir e muito mais pelo legítimo temor do que pode ocorrer e por se sentirem os socorristas inabilitados a lidar com situações inesperadas e problemáticas.

Ocorre que a convivência é construção de confiança e requer planejamento de atividades de apoio, esquemas planejados para atuação no conflito, estudos dos temas delicados, inclusive dos riscos. As atividades não podem ser desenvolvidas em meia hora, mas devem, preferencialmente, ser desenvolvidas todos os dias. Pelo menos, quatro horas por dia, numa manhã, numa tarde. Quatro horas por semana, no mínimo. Porque é um espaço de tempo razoável para se conviver, conhecer, perceber e sentir o outro. Para ter tempo de garantir o direito de comer, de brincar, de ser criança. Quantas crianças de 8 ou 10 anos trabalham e estudam, levando uma vida adulta, uma vida em que elas não podem ser crianças.[27]

---

27 Nota dos organizadores: Sobre o trabalho infantil: "a partir da década de 80 surgiu

É preciso garantir-lhes esses momentos. Quantos adultos não tiveram a oportunidade de refletir e vivenciar atividades que os levem a perceber o Belo. Quantos adultos nunca tiveram a oportunidade de conversar em grupos sobre situações comuns e bem assim sobre tantas outras situações, que podem ocorrer no espaço de convivência.

O tempo, então, é discutido na medida em que se oportunize reflexão, vivência mais plena, conhecimento de novos valores para negação daqueles que podem ser superados, ou, simplesmente, para garantir um momento de infância, para aquela criança que já tem a vida adulta.

Assim, o serviço assistencial, que está sendo proposto aqui, longe de ser uma ajuda de alimento, de roupa, de calçado é, sobretudo, *a garantia do direito*. E qual o primeiro direito do ser humano? Em *O livro dos espíritos*, na questão 880 do capítulo XI, em que é abordada A Lei

---

um movimento social em favor dos direitos das crianças e dos adolescentes. A promulgação da Constituição Federal de 1988; a adoção, em 1989, da Convenção das Nações Unidas sobre os Direitos da Criança; a aprovação, em 1990, do Estatuto da Criança e do Adolescente (ECA); os suportes técnico e financeiro do Programa Internacional para a Eliminação do Trabalho Infantil (IPEC) da Organização Internacional do Trabalho (OIT), somados aos programas do Fundo das Nações Unidas para a Infância (UNICEF) a partir de 1992, acabaram por incluir definitivamente o tema do combate ao trabalho infantil na agenda nacional de políticas sociais e econômicas. Em novembro de 1994 foi instituído o Fórum Nacional de Prevenção e Erradicação do Trabalho Infantil (FNPETI), no intuito de reunir e articular os mais diversos níveis do poder público e da sociedade envolvidos em políticas e programas de prevenção e erradicação do trabalho infantil no País. De acordo com a legislação nacional, trabalho infantil é aquele exercido por qualquer pessoa abaixo de 16 anos de idade. No entanto, é permitido o trabalho a partir dos 14 anos de idade, desde que na condição de aprendiz. Aos adolescentes de 16 a 18 anos está proibida a realização de trabalhos em atividades insalubres, perigosas ou penosas; de trabalho noturno; de trabalhos que envolvam cargas pesadas, jornadas longas; e, ainda, de trabalhos em locais ou serviços que lhes prejudiquem o bom desenvolvimento psíquico, moral e social". *In* SCHWARTZMAN, Simon. *Trabalho infantil no Brasil*. Brasília: OIT, 2001, p. 3.

de justiça, amor e caridade, os Espíritos afirmam que é "o de viver". E para viver dignamente temos que satisfazer às necessidades básicas, quais sejam: comer, dormir, vestir, estudar, trabalhar, divertir, que são *direitos fundamentais do homem*. Na convivência, identificam-se as necessidades sentidas e detectadas por eles e, à medida que essas necessidades vão sendo atendidas, busca-se dilatar a compreensão sobre as necessidades superiores, conforme melhor se versará, no item 3.3.1.

Cabe lembrar que muitas situações difíceis, observadas na atualidade, tiveram sua origem em etapas, estágios não vivenciados ou mal vivenciados pelas pessoas. É fundamental para o ser encarnado passar pela experiência da infância e da adolescência. A questão 385 de *O livro dos espíritos*, no capítulo VII, que trata da volta do Espírito à vida corpórea, atesta essa necessidade.

A partir do espaço de convivência, se estimulará a criatividade e o trabalho, com a educação moral permeando todas as atividades. Não deve haver o menosprezo da questão material, é o que transparece no trecho, abaixo transcrito, da mensagem Um Espírito familiar (ESE, cap. XIII, it. 18):

> [...] Dai delicadamente, juntai ao benefício que fizerdes o mais precioso de todos os benefícios: o de uma boa palavra, de uma carícia, de um sorriso amistoso. Evitai esse ar de proteção, que equivale a revolver a lâmina no coração que sangra e considerai que, fazendo o bem, trabalhais por vós mesmos e pelos vossos.

Essa afirmativa equivale a dizer que, ao fazer o bem objetivando trabalhar pela própria evolução, a boa palavra, a carícia e o sorriso devem ser espontâneos, para demonstrar sinceridade e gerar bem-estar. Dessa forma, o benefício material, que se esvai com a necessidade que o consome, dá lugar à fraternidade. Esse sentimento somente ocorre em um espaço de amorosidade, construído por aqueles que desejam "dar delicadamente". Nestes, a educação moral já se encontra em processo de edificação, porque evitam constranger o assistido, pois entendem a transitoriedade da situação em que ambos se encontram e que Deus ampara a ambos, uns "pelas mãos dos outros".

Outro aspecto da proposta da convivência, preconizado por Léon Denis em *Socialismo e espiritismo* (Ed. Clarim, 1987, p. 53), é a *solidariedade:*

> [...] Cada um de nossos atos recai sobre nós e seu conjunto constitui a trama de nosso destino. A justiça e a solidariedade aí encontram sua plena e inteira aplicação. Sentimo-nos ligados aos nossos semelhantes na medida dos sacrifícios que por eles fizemos destinados a nos reencontrar, a nos unir, a nos seguir através de etapas inumeráveis nas condições sociais as mais variadas, ao curso de nossa ascensão para uma finalidade grandiosa e comum.

Inúmeras pessoas chegam a condenáveis níveis de desinteresse pelo outro, porque as relações que desenvolveram foram baseadas no orgulho e no egoísmo, expressões que o codificador utiliza constantemente como sendo "as chagas da humanidade", a base de todo o desequilíbrio. Então, são o orgulho e o egoísmo que ainda impedem que haja relações mais solidárias e que as pessoas sejam mais irmãs de seus irmãos.

É tão forte a relação de egoísmo, que as pessoas dificilmente assumem a ideia de paternidade e da maternidade, quando não há laços de consanguinidade, por julgarem que aquele ser "não é seu". "Eu estou criando"; "peguei para criar"; "fulano está criando alguém". É sempre uma "cria", raramente meu filho, minha filha.

Com isso, pretende-se aqui estimular e desenvolver a capacidade de transpor essa relação egoística, essa relação individualista desse "querer" apenas pela consanguinidade e começar a propor que realmente haja o envolvimento.

Outra situação é que a Casa Espírita sempre determina como a criança ou o adolescente deve comparecer: tem que entrar calçado, ou com camisa, com uma blusa (mesmos nos locais de extremo calor). Não se dá importância à maneira como eles vivem; ele tem que comparecer ao Centro daquela maneira pré-determinada. E, às vezes, ele não dispõe de outra roupa, nem de calçado, de mais nada. Então, que tipo de trabalho está sendo feito? Não se está, com este questionamento, preconizando que se devam transformar os espaços de trabalho em ambientes de sujeira ou de desleixo, não! Devem-se transformar os espaços em ambientes de amor, de educação, de crescimento, onde essas questões deverão ser acompanhadas, passo a passo, através de aproximações sucessivas, para compreender o contexto das crianças e adolescentes atendidos. Deve-se ir ao seu ambiente e sentir com o outro, no seu ambiente familiar, no sentido de encontrar formas alternativas, para equacionar determinados problemas.

Não há problema que não possa ser equacionado. Há problemas cujas soluções envolvem interesses materiais e particulares, mas não são problemas insolúveis. Muitos problemas, conforme Allan Kardec (LE, q. 806), foram criados pelos homens (as desigualdades sociais, as classes sociais, a pobreza, a miséria) e são os homens que devem exercitar a capacidade criadora a serviço da coletividade, na solução desses problemas.

O trabalho de evangelizar ou de educar dá-se sempre a partir do momento em que se pisa nos arredores da Casa Espírita. No trajeto, pode-se encontrar outra pessoa, visitar um ou outro lar, conversar com a vizinhança, e em todos esses momentos o espírita está revelando Jesus. Portanto, a evangelização não se realiza num único momento em que se detém para falar de Jesus. Espiritismo é uma filosofia de vida. Porém, ocorre que, quando se está na Casa Espírita, tem-se determinado comportamento; quando se está fora dela, com outras pessoas que não têm nada a ver com Espiritismo, adota-se outro comportamento. Deve-se buscar a coerência em todas as circunstâncias e a convivência presta-se a isso, pois é, a partir dela, que as pessoas se mostram umas às outras.

Igualmente, não se pode generalizar e pensar, por exemplo, que 50 crianças ou adolescentes são todos iguais. Quando se começa a conviver, descobre-se que cada pessoa tem uma maneira de ser, que têm gostos diferenciados e reclamam de coisas diferentes. O evangelizador deve ir trabalhando, com respeito, outros caracteres que podem vir a prejudicá-lo mais tarde e, desta forma, aprende a viver mais solidariamente.

3.2.1
Perfil psicossocial do assistido

Este item tem como objetivo traçar um perfil psicoespiritual do homem, alvo da assistência na Casa Espírita. No exercício dessa assistência, o voluntário espírita está diante de alguém com múltiplas necessidades, de várias ordens, primordialmente material, mas também intelectual, emocional, afetiva e espiritual.

É importante pensar esse homem, representado nas diversas atividades que a Casa Espírita oferece, nos diferentes segmentos: a criança na evangelização; o adulto num grupo assistencial, seja homem ou mulher; as famílias sendo atendidas direta ou indiretamente com os farnéis, sopas, etc.; os idosos, nos grupos de atividades lúdicas; os jovens, nos grupos, etc. Enfim, o ser humano, a estagiar numa determinada faixa etária e condição específica, que é alvo da assistência e que tem necessidades.

Compreender esse homem do ponto de vista integral, com suas múltiplas dimensões, é fator fundamental para a qualidade deste atendimento que se pretende oferecer, ampliando as possibilidades de ajuda, e, favorecendo o melhor aproveitamento daquele que recebe.

Tome-se, então, como base para a reflexão, a pergunta 880 de *O livro dos espíritos*:

> "Qual o primeiro de todos os direitos naturais do Homem?"

O de viver. Por isso é que ninguém tem o (direito) de atentar contra a vida de seu semelhante nem de fazer o que quer que possa comprometer-lhe a existência corporal.

Percebe-se bem a amplitude dessa resposta, porquanto não se trata apenas de sobreviver, mas de viver dignamente, tendo todas as suas necessidades reais atendidas. Sabe-se que não é essa a realidade para uma parte expressiva da população, que apenas sobrevive, sem direito à saúde, à educação, a uma alimentação de qualidade, ao lazer, às oportunidades de trabalho, à moradia digna e segura. Essa negação dos direitos gera uma infinidade de carências e compromete o direito à vida, na sua expressão mais plena, ou seja, vida no sentido de crescimento, de evolução, de autoatualização.

Autoatualização é um conceito elaborado por Abraham Maslow, psicólogo humanista, e significa que todo ser humano tem inúmeras potencialidades, que podem ser desenvolvidas e atualizadas, permitindo que o homem "venha a ser tudo o que ele pode ser", do ponto de vista amplo, das suas faculdades intelectuais, das suas possibilidades de equilíbrio e desenvolvimento físico, emocional e espiritual.

Mas esse desenvolvimento só é possível, segundo Maslow,[28] quando as necessidades todas, que ele hierarquizou numa pirâmide (ver abaixo), são atendidas, desde as mais básicas, que são as fisiológicas, até as mais superiores: amor, estima, autorrespeito.

---

28 FADIMAN, James; FRAGER, Robert. *Teorias da personalidade.* 2002, cap. 9.

REALIZAÇÃO PESSOAL	moralidade, criatividade, espontaneidade, solução de problemas, ausência de preconceito, aceitação dos fatos
ESTIMA	autoestima, confiança, conquista, respeito dos outros, respeito aos outros
AMOR / RELACIONAMENTO	amizade, família, intimidade sexual
SEGURANÇA	segurança do corpo, do emprego, de recursos, da moralidade, da família, da saúde, da propriedade
FISIOLOGIA	respiração, comida, água, sexo, sono, homeostase

Fonte: pt.wikipedia.org

Ora, se esses direitos básicos não são atendidos, garantidos, temos um ser humano, com bloqueio em sua motivação, para o desenvolvimento de capacidades específicas (habilidades, talentos e até o desenvolvimento da moralidade e espiritualidade). "É inteiramente verdadeiro que o homem vive apenas de pão, quando não há pão". Quando esse homem acha-se preso às necessidades imediatas de um corpo a gritar tenho sede, tenho fome, estou carente de tudo (material), não há motivação para buscar outros degraus que possam gerar o desenvolvimento daquelas capacidades. É preciso, portanto, acalmar a fome do corpo, para assim despertar a fome da alma — fome de conhecimento, fome de espiritualidade, fome de amor (ESE, cap. XIII, it. 4).

Poder-se-ia questionar quais seriam, em realidade, esses homens, que chegam à Casa Espírita com tantas necessidades, caso pudessem ter acesso à educação, saúde, trabalho, segurança física e psicológica, enfim, com seus direitos humanos garantidos. As necessidades não atendidas fixam o homem naquela faixa e toda a sua vida fica circunscrita à busca por esse atendimento, impedindo outros voos, bloqueando o potencial infinito que cada ser humano possui, potencial esse que, caso desenvolvido, faria com que este ser se tornasse muito mais capaz do que o é hoje.

Basta pensar em vivências muito comuns a qualquer pessoa: ao sentir fome, por exemplo, interrompe toda e qualquer atividade que esteja realizando, por mais envolvida que se encontre, para atender essa necessidade. A fome é, a um só tempo, necessidade e motivação para a busca da resolução. Mas, se a vida é precária, materialmente falando, se tudo é incerto, se falta o alimento, se a moradia é insalubre, se as condições de segurança são inexistentes, não há impulso interno para a busca de outras metas superiores, como as de ordem intelectual, afetiva, ou daquelas que dizem respeito à relação do homem consigo mesmo, à sua possibilidade de se reconhecer como alguém que tem valor, merecedor de autorrespeito e autoestima.

Voltando-nos então para a questão da assistência, vemos o quanto é imperioso que o trabalho oferecido perpasse todos esses aspectos. É na convivência com esses seres que se poderá atendê-los mais plenamente, oferecendo-lhes o contexto propício para que as suas necessidades/motivações superiores brotem, possibilitando o desenvolvimento de suas capacidades ocultas, dos talentos escondidos, da sensibilidade que se retrai por trás das máscaras de agressividade, ou até mesmo da violência.

É através da convivência, mediada pelo trabalho reflexivo, apoiada nos conceitos morais da Doutrina Espírita, que se vai auxiliando o despertar, nesse homem, a sua criatividade, a capacidade de transformar o mundo e o aprendizado de que é possível transformar a si mesmo e a sua própria vida.

A autoatualização remete a inúmeras reflexões, lembrando a fala do Cristo, quando disse: "Vós sois Deuses". Autoatualizar-se é, pois, usar o máximo (possível na atual condição da humanidade na Terra) de seu potencial realizador, desenvolver seus talentos e capacidades e "vir a ser tudo aquilo que pode ser". Para tanto, é necessário o reconhecimento dessa origem divina, apontando aos seres as suas infinitas possibilidades. O Espírito, criado por Deus, é, pois, o campo de todas as possibilidades. Já dizia Jesus, "Podeis fazer tudo o que eu faço e muito mais". A consciência plena do Cristo o fazia operar "milagres", que não eram senão a manifestação de um ser que deixa transparecer toda a Luz, reflexo do Pai que o criou.

Sem barreiras, sem obstáculos, a Luz se expressa plenamente e todas as possibilidades se atualizam. É com essa visão que se precisa acolher esse homem que chega, vendo a Luz que se esconde no fundo, embaixo das camadas de dor e miséria, da rudeza e da agressividade.

O trecho abaixo, reproduzido do livro *Luz do mundo* (cap. 8), de Amélia Rodrigues, item "Pescador de Homens", expressa essa ideia com clareza:

> Sim, ama-os — medita o Desconhecido Mestre. — Viera ter com eles para que pudessem ascender ao Pai. Ser-lhe-ia necessário sofrê-los, dar-se em totalidade de

oferenda, caminhar ao lado deles, assisti-los e perdoá-los sempre. Sim, amava-os!
Longe, neles, estavam as ansiedades espirituais. Desprovidos, por enquanto, de entendimentos, se atiravam ávidos ao dia a dia, na pesca, na conquista do pão... Seria necessário dilatar-lhes a percepção, ampliar-lhes os horizontes...

Jesus, o Mestre a que se refere o texto, olhava aqueles homens, seus discípulos, adivinhando-lhes as potencialidades adormecidas, consciente da necessidade de "ampliar-lhes os horizontes".

3.3
CRIATIVIDADE

Ao lado da convivência, educação e trabalho, há a *criatividade:* a capacidade do ser humano em mudar e transformar as coisas, as situações, as relações e as injunções nas quais se encontra. Segundo a etimologia da palavra, criatividade está relacionada com o termo criar, do latim *creare*, que significa dar existência, sair do nada, estabelecer relações até então não estabelecidas pelo universo do indivíduo, visando a determinados fins.

Para Léon Denis, "o homem existe para criar e não para decompor; para agir, e não unicamente para analisar".[29] O que equivale dizer o caminho evolutivo natural do ser humano é o de bem empregar o potencial criativo, associando a capacidade de raciocínio às ações concretas (o agir).

---
29 DENIS, Léon. *O grande enigma*. 2008, p. 218-219.

O homem, desde sua origem, "trabalha" para transformar, construir e reconstruir o seu meio, o seu mundo material, no intuito de atender às suas necessidades básicas como comer, abrigar-se, defender-se, etc. Para tanto, construiu artefatos, ferramentas, utensílios; aprendeu a caçar e a pescar, a cuidar de animais, plantar e armazenar comida. Enfim, a necessidade de sobrevivência e de progresso impulsionou o homem a superar-se sistematicamente. À medida que evolui o homem amplia a sua inteligência e a percepção de que é um ser capaz de criar, de recriar e de transformar, como força inerente à própria vida.

Este item não irá abordar os conceitos de criatividade, as fases da criação, as técnicas de estímulo, etc. Várias referências bibliográficas sérias estão à disposição dos interessados, para o aprofundamento da questão. Mas, ao se deter neste item, é preciso ter em mente que a criatividade é considerada do ponto de vista da *pessoa que cria*, dos seus *processos mentais*, do *ambiente sociocultural* que a envolve e dos *produtos* dela provenientes, ou seja, aquilo que surgiu como novo ou inexistentes.[30] Usualmente, essa temática é tratada a partir desta última questão, por ser o modo mais evidente e tangível de se versar sobre o assunto.

A Metodologia em estudo propõe que se analise a criatividade sob uma perspectiva além (porém, não excludente) do processo de criação em si.[31] Propõe não somente

---

30   KNELLER, G. F. *Arte e ciência da criatividade*. 1978, p. 15.

31   Nota dos organizadores: entende-se "materialidade proveniente do processo criativo" tudo o que resulta do processo de criação, como: objetos e peças artísticas, artesanatos em geral, invenções, descobertas, culinária, estudos, processos administrativos, etc. Ou seja, tudo aquilo que resulta de atividades realizadas de maneira não-mecânica em todo e qualquer gênero da atividade humana.

o estímulo à criatividade nas atividades assistenciais e de evangelização (crianças, jovens e adultos), mas também atividades lúdicas, artesanais, artísticas, ou em outras atividades, que estimulem a percepção, a sensibilidade, etc. O estímulo à criatividade e recurso extremamente valioso para instigar as necessidades mais nobres e sublimadas do indivíduo, como autodescobrimento, autoestima, autoamor, autossatisfação, autorrealização, etc.

A reflexão proposta pela Metodologia está voltada à percepção da própria capacidade de transformar a si mesmo e ao meio, de se superar, por intermédio dos desafios de variadas conotações (inclusive das atividades lúdicas, artesanais, etc.) e outras situações relacionadas ao cotidiano das pessoas. Mário Barbosa referia-se às "atitudes de enfrentamento criativo a diversas situações que se apresentavam, como por exemplo, a guarda de alimentos, tendo em vista a previsão para enfrentar períodos rigorosos de inverno, etc.", entre outras situações que se apresentam na evolução do ser humano. [32]

O evangelho segundo o espiritismo, capítulo XVI, no item 7, ressalta a relação da inteligência e da criatividade (de maneira indireta), direcionadas ao trabalho voltado à melhoria material do planeta:

> [...] Com efeito, o homem tem por missão trabalhar pela melhoria material do planeta. Cabe-lhe desobstruí-lo, saneá-lo, dispô-lo para receber um dia toda a população que a sua extensão comporta. Para alimentar essa população que cresce incessantemente, preciso se

---

32 BARBOSA, Mário da Costa. *Planejamento e serviço social.* 1990, p. 17.

faz aumentar a produção. Se a produção de um país é insuficiente, será necessário buscá-la fora. Por isso mesmo, as relações entre os povos constituem uma necessidade. A fim de mais as facilitar, cumpre sejam destruídos os obstáculos materiais que os separam e tornadas mais rápidas as comunicações. Para trabalhos que são obra dos séculos, teve o homem de extrair os materiais até das entranhas da terra; procurou na Ciência os meios de os executar com maior segurança e rapidez. Mas, para os levar a efeito, precisava de recursos: a necessidade fê-lo criar a riqueza, como o fez descobrir a Ciência. A atividade que esses mesmos trabalhos impõem-lhe amplia e desenvolve a inteligência, e essa inteligência que ele concentra, primeiro, na satisfação das necessidades materiais, o ajudará mais tarde a compreender as grandes verdades morais. Sendo a riqueza o meio primordial de execução, sem ela não mais grandes trabalhos, nem atividade, nem estimulante, nem pesquisas. Com razão, pois, é a riqueza considerada elemento de progresso.

A criatividade está ligada intimamente ao trabalho (LE, q. 675: "toda ocupação útil é trabalho"), enquanto atividade transformadora e geradora de progresso. Não o trabalho que aliena o homem, que reproduz apenas uma relação de dominação, que escraviza; mas, sim, o trabalho que liberta, que amplia a inteligência, que se volta ao bem da coletividade, e que se constitui num dos aportes para evolução espiritual. Portanto, é a antítese da alienação que torna as pessoas apáticas, indiferentes ao contexto, pouco capazes de compreender a amplitude da sua missão de homem no mundo. Para o cumprimento dessa missão, conforme trecho acima citado, a participação social traduz-se como uma necessidade do ser junto à coletividade. Deve-se considerar ainda, que, para o progresso da humanidade, "o homem tem de herdar do homem e porque coletivos são os trabalhos humanos: Deus abençoa a solidariedade." (ESE, cap. XX, item 3).

O pensamento reflexivo desenvolve-se a partir de um estado de dúvida e de um ato da busca, de um pensamento criativo. Inúmeras vezes a adequação, complacência e aparente ausência de problemas são outros nomes para a falta de visão, de reflexão (parte-todo) e de idealismo. Por outro lado, incontáveis vezes as soluções para problemas difíceis, a superação de situações habitualmente impostas e que obstruem o progresso, surgem num lampejo de percepção, próprio da capacidade criativa, em busca de novas possibilidades.

A disposição para promover a transformação pelo trabalho (promover a melhoria material do planeta) integra inteligência e criatividade, em uma dinâmica indissociável. Conforme Kardec em *O evangelho segundo o espiritismo*, cap. XXV, item 02, "[...] Ajuda-te a ti mesmo, que o céu te ajudará. É o princípio da Lei do trabalho e, por conseguinte, da Lei do progresso, porquanto o progresso é filho do trabalho, visto que este põe em ação as forças da inteligência".

A inteligência e a criatividade são inerentes a todos os seres humanos, mas não são a mesma coisa. Quanto mais as pessoas estão expostas a novos conhecimentos, experiências variadas, interações das mais diversas, mais elementos nutrirão seus processos mentais para a criatividade. É possível identificar variados tipos de inteligência presentes nas pessoas, que trazem como características a essência de seus espíritos, podendo ser sistematizados em sete grupos principais: verbal, lógico-matemática, espacial, musical, corporal-cinestésica, interpessoal e intrapessoal.[33] Em todos os campos de inteligência, as pessoas podem exibir comportamento criativo das mais variadas maneiras. Pessoas com alto nível de inteligência musical manifestam sua criatividade e sensibilidade de variadas formas.

Estudos científicos realizados por pesquisadores, com um grupo de crianças, detectaram que níveis precários de criatividade não estão relacionados à dificuldade de aprendizagem. Testes contínuos realizados, com crianças até os 15 anos, identificaram um índice decrescente da capacidade criativa, em relação à idade do sujeito, o que indica que, durante a fase de crescimento e desenvolvimento, vários bloqueios interceptaram a capacidade de expressão pela criatividade. A influência das complexas condições sociais tem sido salientada como um dos fatores principais na imposição de bloqueios, o que se concluiu que o grupo social (espaço social, cultural, econômico, espiritual, afetivo e relacional) tem efetiva participação nesse fenômeno. Portanto, as pessoas estão imersas em seu grupo social — contexto — em determinado tempo e espaço, conforme seus referenciais de valores e crenças (implícitos e explícitos), interagindo de forma consciente ou não — porém, integralmente — com os aspectos externos. Essa interação, que ocorre no viver e conviver,

---

[33] GARDNER, H. *Mentes que criam:* uma anatomia da criatividade observada através das vidas de Freud, Einstein, Picasso, Stravinsky, Eliot, Graham e Gandhi. 1996.

sofre ajustes, adaptações, acoplamentos, que resultam como bloqueios ou como sustentação do fluir da capacidade criativa do indivíduo e do grupo. A capacidade de fluir depende do grau de segurança e confiança e não da capacidade de aprendizagem ou da inteligência.

Níveis precários de criatividade não estão associados à dificuldade de aprendizagem, mas aos inúmeros bloqueios que vão interceptando a capacidade de expressão, com forte influência do grupo social. Neste ponto, a Metodologia propõe o estudo da categoria "educação" como o eixo de toda a sua dinâmica, pois será o reflexo das relações vivenciadas e da descoberta dos seus limites e possibilidades.

Mas existem também os distúrbios de humor, mais especificamente os tipos depressivos, que geram um estado de "desinteresse pelas coisas e pessoas que antes tinham sentido existencial, atividades que estimulavam à luta, realizações que eram motivadoras para o sentido da vida".[34] Nesse estado emocional, a criatividade vai sendo gradativamente bloqueada ou pode emergir como uma fonte de extravasamento em uma atividade terapêutica, com atendimento profissional. A Casa Espírita deve encaminhar tais casos para atendimento profissional.

A Metodologia propõe trabalhar dentro da normalidade do planejamento das atividades assistenciais e de evangelização. Outro ponto importante a considerar, ressaltado por Joanna de Ângelis, é não confundir "criatividade" com "astúcia", própria das artimanhas do instinto ainda não iluminado pela *consciência desperta*.[35]

---

34 FRANCO, Divaldo Pereira. *Amor, imbatível amor*. 2000, p. 87-88.
35 Ibid., p. 119.

Também, não se deve confundir criatividade com "dar um jeitinho" nas coisas ou com "improviso", em substituição ao planejamento. O improviso é uma técnica específica das artes cênicas e musical, de alto valor para o estímulo à fluência criativa. Pode ocorrer que o improviso precise ser utilizado em determinada situação inesperada e a criatividade será utilizada aliada à responsabilidade sobre o ato improvisado.

A eminente artista plástica, docente e crítica de arte polonesa Fayga Perla Ostrower (1920–2001), também se dedicou a estudar, com profundidade, a criatividade, trazendo relevantes contribuições a esse respeito. Sem se declarar religiosa, cristã ou crente em Deus (deus antropomórfico), refletia sobre o lado espiritual e transcendental da capacidade criativa, a partir da própria vida. Acreditava que a capacidade de criar, de crescer com a vida, manter-se jovem no sentido da receptividade diante da vida e da esperança, é que tornava o homem capaz de sonhar, de ter utopias (no sentido de almejar e sonhar com o belo e o novo), de poder crescer dentro de suas próprias possibilidades. Para ela, valores como a coragem, a generosidade, a dignidade e o amor são valores que fazem parte do fazer criativo, que se volta à transcendência do ser. Além de qualquer técnica, o fazer criativo envolve conteúdos de uma visão de vida que se vão ampliando, se enriquecendo e se enobrecendo, com o fluir do fazer criativo. Fayga também acreditava que o encontro com a beleza se faz na busca de significados mais profundos nas relações: "A beleza é a verdade mais profunda". Com a observação das ordenações na natureza, ela acreditava que seria possível descobrir essa justeza (harmonia) interior, como uma espécie de empatia com a natureza.[36]

Criar, nesse sentido, é dar uma forma a algo novo em qualquer campo de atividade, em uma busca de transcendência. São coerências que se estabelecem na mente humana de um novo modo e que são compreendidas em termos novos. Para a autora acima citada, criar abrange, portanto, a capacidade de compreender.

Com essa breve contextualização sobre o tema, é possível ler e refletir, com maior profundidade, a abordagem de Joanna de Ângelis sobre criatividade:[37]

> A criatividade inspira à busca do real, embora no campo imaginário, conduzindo o ser psicológico à aquisição de recursos que o emulam ao desenvolvimento das potencialidades nele jacentes. Quando bem direcionada, supera a fantasia, que se lhe pode antecipar, penetrando no âmago das coisas e ocorrências com que compõe novos cenários e estabelece produtivos objetivos. [...] A criatividade dá sentido à existência, que não estaciona ante o já conseguido, demonstrando a excelência de tudo quanto falta para ser alcançado. [...] Liberta o encarceramento elaborado pelo ego, rompendo o círculo da comodidade e impulsionando a novas experiências. A mente criativa é atuante e renovadora, propiciando beleza ao ser, que se faz solidário no grupo social, participante dos interesses gerais, aos quais se afeiçoa, enquanto vive as próprias expectativas elaboradas pelo pensamento idealista.

---

36 OSTROWER, Fayga Perla. *Criatividade e processos de criação*. 1987.
37 Ibid., p. 117-119.

A inspiração, que se detém na busca do real, anseia o progresso, pela desobstrução e saneamento do planeta em transição, procurando antecipar as condições de um mundo melhor, mais evoluído, onde impere as Leis de amor, justiça e caridade. Eis a excelência de tudo quanto falta para ser alcançado! Para Mário Barbosa, ter pensamento progressista é pensar o futuro de maneira criativa, planejar os meios de realizar suas metas e objetivos e partir para a ação em uma dialética contínua de superação da realidade.[38]

Todavia, como falar de idealismo, da missão do homem em melhorar o planeta, com pessoas cujas necessidades básicas não vêm sendo atendidas e que essas procuram a Casa Espírita em busca da "ajuda material"? Inclusive, pessoas que se dispõem a ouvir explanações espíritas em "troca" da cesta básica, dos bazares, etc. Como tratar da relação criatividade-trabalho se, para muitos, ainda falta trabalho para o próprio sustento e de sua família? Ou ainda, como estimular a criatividade como ação transformadora quando a mendicância, venda do próprio corpo, a drogadição, o alcoolismo, a violência e outras realidades tão doídas que ainda imperam no dia a dia dessas pessoas?

Muitas respostas prontas dão conta dessas questões. Situações extremas devem ser amparadas por profissionais que auxiliem os voluntários a sentirem-se seguros na condução dos trabalhos. Porém, há uma sutileza que necessita ser evidenciada. A Casa Espírita ou o trabalho assistencial espírita (independente do local) é o "espaço de convivência" onde todas as pessoas se encontram, não por acaso, para se ajudarem no processo evolutivo, independente da sua

---

38 BARBOSA, Mário da Costa. *Planejamento e serviço social.* 1990, p. 35.

condição. A necessidade de um é o exercício de desprendimento do outro. A violência de uma criança ou jovem é o convite para aprender a ver e ouvir o outro, além dos padrões de comportamento estabelecidos. Aquela mãe que nunca se expressa durante os trabalhos pode ser o convite a uma aproximação diferente, mediada por uma atividade que nivele as relações e abra espaço para a horizontalidade no diálogo. O trabalhador da Casa Espírita precisa identificar em si quais são os fundamentos e os raciocínios que permeiam seu modo de encarar o outro que chega na Casa Espírita em busca do auxílio. É alguém que chega para que eu possa praticar a caridade ou alguém que chega necessitado de algum amparo e que irá me proporcionar a possibilidade de doar-me mais? Eu me permito crescer (e reconhecer como cresce) com as pessoas que vêm à Casa Espírita? A mente criativa encontrará meios de inverter o benefício e parecer, ele mesmo, o beneficiado diante daquele a quem presta o serviço, vivendo, assim, a verdadeira generosidade (ESE, cap. XIII, it. 3). O auxílio material é uma necessidade para a grande maioria, mas o auxílio para o crescimento espiritual, em todos os sentidos, tem maior abrangência: é para todos, inclusive para os trabalhadores.

Retornando, falar dos temas de maior transcendência espiritual deverá ocorrer no "próprio fazer", na convivência durante as atividades em que as pessoas estiverem envolvidas. Se as pessoas (assistidas e trabalhadores) estão, em conjunto, preparando o lanche das crianças, este é o melhor momento para várias reflexões. Utilizando o processo coletivo de transformação dos ingredientes em "lanche", a dedicação daquele grupo em preparar, amorosamente, o lanche *para* as crianças saciarem a fome, pode levar a reflexões, por similaridade, sobre o significado das atitudes no cotidiano. Quantas vezes temos as oportunidades que Deus nos dá (os ingredientes) e não aproveitamos bem? (fazemos um lanche de qualquer jeito, sem amorosidade; ruim pelo desleixo). Como em uma conversa lúcida e atenta, o trabalhador insere os conteúdos cristãos e espíritas, ao mesmo tempo em que ouve, como o Cristo o fazia, e promovendo novas reflexões.

Todos crescem, quando buscam o despertamento da consciência. Com os mesmos ingredientes para o lanche, é possível prepará-lo quase maquinalmente ou fazê-lo com o sentimento de doação, de fazer o melhor (sensibilidade criativa), de desejar que o outro se satisfaça com o produto da sua dedicação e amor. Pode-se levar a criança que recebe o lanche a refletir sobre "as mãos invisíveis e amorosas", que prepararam aquele lanche, procedendo-se, assim, com toda e qualquer atividade na Casa Espírita, na família, na sociedade. O momento de fazer o lanche é o "espaço" que se tem à mão para "convivência" e participação de todos. O fazer o lanche em si pode ser a atividade útil, retratando o "trabalho" enriquecido pela "criatividade" das pessoas envolvidas. E, ao fazer o lanche e conversar sobre as ocorrências à luz da Doutrina Espírita, de forma consciente e mediada pelo trabalhador, estará ocorrendo o processo de "educação", à medida que todos se sintam com liberdade de se exprimir (cada um a seu modo) e de ser ouvidos e respeitados.

Da mesma forma, para as situações da vida, para o enfrentamento criativo das mais variadas circunstâncias, é possível semear a noção de que todos podem transformar o seu meio com o exercício solidário da criatividade, rompendo o círculo da comodidade, e, impulsionando novas experiências. Deve-se ter em mente a necessidade de se vencer o egoísmo, em todas as suas dimensões e disfarces, pois, "o choque, que o homem experimenta, do egoísmo dos outros é o que muitas vezes o faz egoísta, por sentir a necessidade de colocar-se na defensiva" (LE, q. 917), cabendo, pois, aos homens de bem agir "em concordância com a justiça divina, que quer que todos participem do bem" (LE, nota de Kardec na q. 78-a). Mário Barbosa dava especial ênfase à participação do homem de forma criativa e decisória, na construção do desenvolvimento pessoal e social.

O serviço assistencial espírita e a evangelização devem criar condições para que toda e qualquer pessoa desenvolva a sua capacidade de gerar algo novo que traga o bem e o belo para a coletividade, para que ela perceba a sua capacidade de transformação e sentir bem-estar com essa constatação.

Se por um lado, o desenvolvimento da inteligência leva o ser humano, inicialmente, a satisfações mais materiais, por outro, com o estímulo crescente da criatividade (a partir de uma atividade útil), de forma consciente e reflexiva, ser-lhe-á possibilitado alargar a percepção, apreender o belo, o útil, tornando-o mais sensível à compreensão das grandes verdades morais. Além do mais, as pessoas, com esse estado de espírito, encontram novas motivações para transformar a sua própria existência e superar as suas dificuldades. Essa também é uma forma de mostrar-lhes Jesus e viver *à luz da Boa-Nova*. Nota-se que Emmanuel enfatiza que pode haver inteligência humana sem desenvolvimento sentimental e que cabe aos corações esclarecidos cooperar na transformação dessas inteligências para o bem.[39] Assim, pessoas que vivem realidades duras e difíceis como as citadas anteriormente terão um fiapo de esperança a se apegar se se depararem com um trabalhador Espírita pronto a envolvê-las com a verdadeira fraternidade.

Deve-se considerar o papel crucial da educação, enquanto "a arte de formar caracteres" (LE, q. 685), quando Joanna de Ângelis alerta sobre o bom direcionamento que se deve dar à criatividade. Se, por um lado, a imaginação está naturalmente contida no processo criativo e pode, pela liberdade do pensamento, antever o que falta ser alcançado (o que pode ser transformado), por outro, deve ser capaz de analisar as coisas e ocorrências que irão compor esse novo cenário e estabelecer os objetivos, que são quase sempre coletivos, por serem evolutivos.

Se eu reencarno pensando que este mundo me foi ensejado acabado, e não-passível a quaisquer mudanças, e que tenho que o aceitar tal como está, estou embotando toda uma capacidade crítica, toda uma capacidade reflexiva, de análise, de me colocar criticamente e de o transformar para melhor.

Para finalizar as reflexões sobre a criatividade, ressalte-se a preparação diferenciada do trabalhador, a partir da proposta de atuação da Metodologia. Além dos estudos aprofundados sobre Espiritismo, do planejamento dos conteúdos e das atividades com a participação do seu grupo, o trabalhador necessitará manter em prontidão

---

39 XAVIER, Francisco Cândido. *O consolador*. 1980, q. 120 e 121.

variados conhecimentos e sustentar uma relação baseada na convivência e na mediação do processo em si. Para tal, precisará utilizar a sua criatividade para realizar as correlações entre o planejado e o conteúdo que emerge do grupo, quer pelas conversações, quer pelas atitudes dos indivíduos, sem se posicionar como "doutrinador" e, sim, como irmão ou irmã que caminha ao seu lado, aprendendo a ser mais fraterno na coletividade.

3.4
EDUCAÇÃO

O alcance da consciência do Espírito em processo de evolução, sob a égide da moral cristã, é a pedra angular de toda a atividade assistencial, bem assim a de evangelização, o que, aliás, se diferencia do simples alcance das necessidades materiais pela assistência. A educação moral, como elemento de elevação da alma em provas e expiações, é o ingrediente libertador.

É necessário, porém, entender o sentido de educar. Educar é rever, transformar, mudar. Kardec, em nota complementar à questão 685 de *O livro dos espíritos*, traz reflexões de grande relevância em relação ao trabalho e à educação moral:

> Não basta se diga ao homem que lhe corre o dever de trabalhar. É preciso que aquele que tem de prover à sua existência por meio do trabalho encontre em que se ocupar, o que nem sempre acontece. Quando se generaliza, a suspensão do trabalho assume as proporções de um flagelo, qual a miséria. A ciência

econômica procura remédio para isso no equilíbrio entre a produção e o consumo. Mas, esse equilíbrio, dado seja possível estabelecer-se, sofrerá sempre intermitências, durante as quais não deixa o trabalhador de ter que viver. Há um elemento, que se não costuma fazer pesar na balança e sem o qual a ciência econômica não passa de simples teoria. Esse elemento é a *educação*, não a educação intelectual, mas a educação moral. Não nos referimos, porém, à educação moral pelos livros e sim à que consiste na *arte de formar os caracteres,* à que incute hábitos, porquanto *a educação é o conjunto dos hábitos adquiridos.* Considerando-se a aluvião de indivíduos que todos os dias são lançados na torrente da população, sem princípios, sem freio e entregues aos próprios instintos, serão de espantar as consequências desastrosas que daí decorrem? Quando essa arte for conhecida, compreendida e praticada, o homem terá no mundo hábitos de *ordem e de previdência* para consigo mesmo e para com os seus, de respeito a tudo o que é respeitável, hábitos que lhe permitirão atravessar menos penosamente os maus dias inevitáveis. A desordem e a imprevidência são duas chagas que só uma educação bem entendida pode curar. Esse o ponto de partida, o elemento real do bem-estar, o penhor da segurança de todos.

O trabalho é visto, portanto, não somente na dimensão do sustento do corpo, não somente trabalhar para dispor dos bens para se manter e aos seus familiares; mas ver o trabalho como meio de realização do Espírito, como uma bênção. Então o espírito evolui pelo trabalho e pela educação: o trabalho porque lhe amplia a inteligência, porque lhe abre as portas para as grandes verdades morais; e a educação como pauta de rever os próprios atos, que vai formando novos caracteres, formando novos hábitos. E um hábito importante de ser adquirido para consolidação de atitudes em prol do bem-estar da coletividade é o da fraternidade, traduzida em "cooperação sincera e legítima, em todos os trabalhos da vida, e, em toda a cooperação verdadeira, o personalismo não pode subsistir [...]".[40] O habito da fraternidade deve ser incentivado como o antídoto ao egoísmo, que deve ser vencido em todas as suas dimensões e disfarces.

A dimensão da educação moral é aquela que condiciona as demais no serviço assistencial espírita, incluindo a evangelização de crianças e jovens economicamente desfavorecidos. É o fundamento doutrinário decisivo no processo assistencial. Necessita da convivência, para que esta dimensão possa ser vivida, refletida e transmitida.

É possível lembrar daquele diálogo de Jesus com seus discípulos, quando houve a revelação da mediunidade de Pedro. Eles conversavam sobre o que se comentava na cidade sobre quem era Ele. E Ele pergunta: "E você, Pedro, quem diz que eu seja? — É o filho de Deus". Ao que Jesus aduziu: "Bem-aventurado és tu, Simão Barjonas, porque não foi a carne nem o sangue que revelaram a ti, mas meu Pai que está nos céus." (MATEUS, 16:13 a 17).[41] Quantas maravilhas naqueles diálogos na casa da sogra de Pedro, na linguagem dos benfeitores espirituais, nos primeiros cultos do Evangelho no lar. Foram os primeiros momentos

---

40 XAVIER, Francisco Cândido. *O consolador*. 1980, q. 350.
41 FRANCO, Divaldo Pereira. *Primícias do reino*. 1987, cap. 19.

em que a família parou para cultuar, para refletir, para debruçar-se sobre o cotidiano, sobre a vida, analisando-a sob a ótica da Boa-Nova, essa nova maneira de ver e entender a vida.

A educação é, portanto, o eixo de toda a dinâmica da metodologia, pois será a reflexão das relações vivenciadas e a descoberta dos seus limites e possibilidades. Educação que extrapola os informes (mas não os exclui), em que estes são componentes que fluem da necessidade do grupo e da conversação.

A metodologia tem como objeto as relações sociais e, nesse sentido, sua potencialidade educativa exige que todos os que dela se utilizam saibam extrair das mais diversas situações os conteúdos a "trabalhar". Para tanto, é necessário estarem aptos a discutir reflexivamente o "conteúdo", expressado pelo grupo, em nível de comportamentos, concepções e valores. Logo, o estudo é indispensável. Só a boa vontade não oferece as condições necessárias para que se vivencie o processo educativo, nas relações.

Educar, no âmbito da evangelização, não será sinônimo de doutrinação, como ocorre em determinadas organizações religiosas. Ao contrário, será o processo em que os grupos terão a oportunidade de discutir as relações que eles mesmos vivenciam, onde perceberão as potencialidades e a força do grupo, numa realização conjunta.

A educação é o ato de me rever, de me transformar. Mas esse ato de transformar não é um ato intelectual, é uma ação concreta, que me diz que é preciso modificar. Logo, o trabalho se faz necessário. A divisão que Kardec refere, entre trabalho e educação, é meramente didática, porque há uma relação dialética entre trabalho e educação: não dá para dividir.

As experiências que uma pessoa vivencia, em uma dinâmica educacional, extrapolam as absorções de conteúdos formais. As experimentações se dão nos níveis corporal, emocional, intelectual e espiritual. É o ser com todo o seu potencial! É possível tocá-lo por esses diversos caminhos, estimulando-o na busca pelo despertamento da capacidade de transformação. O indivíduo, quando desperta para suas potencialidades e busca trabalhá-las, torna-se mais feliz, vence suas limitações, e trava uma relação de maior prazer com seu grupo de convívio, seja qual for a atividade que exerça.

O sentido de educação, na abordagem do Espiritismo, é o da reformulação de si e do grupo, com base na busca de uma transformação, baseada na noção da verdadeira justiça, amor e caridade, como referência segura para tal empreendimento. Nas atividades desenvolvidas, o principal conteúdo está nas relações entre as pessoas e, a partir delas, o conteúdo que emergir será a base das reflexões trabalhadas.

Jesus posiciona o conhecimento na condição de essência insubstituível ao nosso processo evolutivo; daí o dizer que "conhecerás a verdade e ela vos libertará" (João, 8:32).

Interessante como há uma grande preocupação com a educação formal, a educação escolar, de enviar os filhos para a escola. Mas a educação moral, ou a educação dos hábitos, do dia a dia, da discussão e conversação saudáveis e libertadoras, de trazer para fora o que esta dentro, é a mais difícil. Requer tempo, disponibilidade, relação de confiança recíproca para ser autêntica, capacidade de utilizar as horas, os dias, os minutos que se dispõe (como o fez o Bom Samaritano), de forma a marcar profundamente a vida daqueles que caminham na mesma trajetória, da forma como o fez Jesus.

É preciso que o trabalho assistencial estenda seus efeitos à família e, preferencialmente, que possa toda a família ser assistida, ser envolvida. Porque, como diz Emmanuel, "identifiquemos no lar a escola viva da alma. [...] Na tépida estrutura do ninho doméstico, germinam-lhe no ser os primeiros pensamentos e as primeiras esperanças".[42] Ora, se o lar é a melhor escola, é preciso dedicar a acompanhar essa escola de vida das crianças e adolescentes que frequentam a Casa Espírita. Também, não se pode subtrair, fugir, negar a participação da família nesse trabalho.[43]

3.5
TRABALHO

Em *O livro dos espíritos*, questão 677, Kardec pergunta aos Espíritos: "Por que a natureza, por si mesma, provê todas as necessidades dos animais?", e eles respondem, enaltecendo a finalidade do trabalho para o homem:

> Tudo em a natureza trabalha. Como tu, trabalham os animais, mas o trabalho deles, de acordo com a

---

42 XAVIER, Francisco Cândido. *Vida e sexo*. 2009, cap. "Ambiente Doméstico", p. 27.

43 Nota dos organizadores: as reflexões sobre a Educação, à luz do Espiritismo, se desenvolveram nas últimas décadas. Para o leitor interessado em aprofundar-se sobre o tema, sugere-se o estudo das seguintes obras de Sandra Maria Borba Pereira, editadas pela Federação Espírita do Paraná: *Reflexões pedagógicas à luz do evangelho* (2009) e *Saberes necessários à tarefa de evangelização infantojuvenil* (2011).

inteligência de que dispõem, se limita a cuidarem da própria conservação. Daí vem que o trabalho não lhes resulta progresso, ao passo que o do homem visa duplo fim: a conservação do corpo e o desenvolvimento da faculdade de pensar, o que também é uma necessidade e o eleva acima de si mesmo. Quando digo que o trabalho dos animais se cifra no cuidarem da própria conservação, refiro-me ao objetivo com que trabalham. Entretanto, provendo às suas necessidades materiais, eles se constituem, inconscientemente, executores dos desígnios do Criador e, assim, o trabalho que executam também concorre para a realização do objetivo final da natureza, se bem quase nunca lhe descubrais o resultado imediato.

O trabalho é aqui colocado como meio de evolução do espírito, como forma de ampliar a inteligência. A inteligência que vai gerar a riqueza, esta vai gerar a ciência, que trará o progresso ao homem, que, afinal, irá tirá-lo da fase bruta do trabalho para a fase mais elaborada. O homem, com o trabalho, vai liberando sua brutalidade e, consequentemente, vai ultrapassando a necessidade de um corpo grosseiro, da matéria mais embrutecida, passando a assumir atitudes mais suaves, mais brandas, e, substituindo a sua visão mais rude, mais brutal, por uma visão mais humana, ou seja, aprofunda-se cada vez mais no âmago espiritual.

Kardec questiona os Espíritos sobre o trabalho relacionado somente às ocupações materiais (LE, q. 675), em que eles respondem: "Não; o Espírito trabalha, assim como o corpo. Toda a ocupação útil é trabalho". Para a Metodologia, entende-se trabalho desta forma, como atividade útil, que pode traduzir-se em oficinas artesanais, esportes, jardinagem, culinária, artes e atividades recreativas em geral, mesmo os bazares, as entrevistas, etc. Desde que todos os trabalhadores estejam envolvidos, considerando os aspectos já discutidos anteriormente (espaço, convivência, criatividade e educação), considera-se "trabalho" as ações em que as pessoas empenham a sua energia criativa e capacidade operativa na execução das tarefas. Por isso, a criatividade está intimamente associada ao trabalho, como libertadora, pela possibilidade de ampliação da inteligência e aporte da evolução espiritual. Portanto, o trabalho não é apenas fazer o pão, confeccionar roupas, por exemplo, mas também fazer poesias, música, teatro, isto é, encarar o trabalho como fonte de satisfação para o homem.

Outro aspecto que caracteriza o trabalho como ocupação útil é a possibilidade das pessoas participarem da concepção e planejamento dessa atividade, em que estarão envolvidas. Quanto maior o envolvimento, maior será o comprometimento e a autorrealização com o produto do próprio trabalho. A participação do homem, de forma criativa e decisória na construção do próprio desenvolvimento social, promove a expansão e expressão humana e, com isso, amplia o atendimento das necessidades mais nobres e espirituais. Existem técnicas para promover a participação e elas devem ser objeto de aprofundamento na Casa Espírita, atentando-se para o fato de que essas técnicas não resultem em manipulação de um grupo sobre o outro, em detrimento da convivência fraterna.

No trabalho assistencial espírita, deve-se desenvolver aquilo que gere satisfação e plenitude, auxiliando as pessoas a ampliar as suas perspectivas espirituais e intelectivas para, a partir do que estiver fazendo (atividade útil), refletir sobre a moral, sobre a vida, sobre o significado da vida, do homem e do mundo, sobre o que está fazendo e como está fazendo, quem é o assistido, porque está aqui, de onde veio, para onde vai, como vive a vida, preocupações essas que devem favorecer as reflexões conjuntas. Saliente-se que o cuidado com a atividade em si, com o esmero, com a busca do melhor, do belo, também é motivo de reflexão, pois conduz as pessoas à superação das suas limitações e as incentiva a valorizar as suas potencialidades. Caso alguém não apresente a melhor habilidade, deve ser encorajado a se valorizar, a partir das próprias referências e história de vida. A valorização da convivência erige-se, portanto, como momento de enorme sutileza e rara beleza.

Observe-se que a atividade de evangelização, nesta proposta metodológica, não está preocupada com longos conteúdos, mas em vivenciar a mensagem e clarificar as mentes para o convívio fraterno, em todos os ambientes. Contudo, a Evangelização é o "trabalho" do momento; é a ocupação útil do momento e pode transformar-se em verdadeira oficina sobre o viver e como viver, amando e respeitando a si e ao outro, convindo aqui enfatizar que o evangelizador e o trabalhador da assistência são os mediadores dessa oficina da vida.

Então, recapitulando, sugere-se a construção desse espaço no dia a dia das relações na Casa Espírita, com liberdade e respeito. Somente se consegue respeitar, decidir, crescer juntos, construindo um espaço solidário, fraterno e de respeito mútuo. Esse espaço somente se constrói na convivência, permitindo que as pessoas se conheçam, ampliem e fortaleçam os laços afetivos, a fim de que possam trabalhar as próprias dificuldades e realizar as experiências na caminhada. É a criatividade, aliada ao espaço de convivência e ao trabalho, como forma de evangelização.

Como fazer a mediação de tema de tamanha importância? Reportando-se ao trabalho, com o duplo fim comentado, de conservação do corpo e o desenvolvimento da faculdade de pensar, para se elevar acima de si mesmo (LE, q. 677). O que fazer, pois, para que o homem desperte para a grandeza do trabalho, como fonte de evolução, de progresso, no qual ele próprio vai-se evangelizando e trabalhando as deficiências emergentes?

A pergunta 806 de *O livro dos espíritos* refere: "A desigualdade das condições sociais é uma lei natural?". A resposta é simples e direta: "Não; é obra do homem e não de Deus".

Na questão 808 daquela obra, Kardec indaga se a desigualdade das riquezas tem origem nas diferenças das faculdades, "em virtude da qual uns dispõem de mais meios de adquirir bens do que outros". Em resposta, os Espíritos afirmam: "Sim e não. Que dizes da astúcia e do roubo?" Como então lidar realmente com a questão da desigualdade versus a questão do trabalho? Vemos que o trabalho perdeu, nos dias de hoje, a conotação de meio de progresso, de meio de evolução, de realização, de ampliação da inteligência. É essa inteligência ampliada que vai, naturalmente, como consequência da Lei do progresso, fazer com que o homem comece a questionar as grandes verdades morais, o próximo, o amor, o perdão, as questões a que Jesus tanto se reportou.

Essas são as verdades morais que vão rompendo alguns laços, por exemplo, os laços consanguíneos, que, a princípio, negam as relações mais amplas da sociedade, os laços afetivos, os vínculos que irmanam os seres a Jesus, e que os ligam ao mesmo Pai, que é Deus. É, por isso, que o Cristo, quando interpelado: "Quem é minha mãe e quem são meus irmãos?", responde, apontando para os seus discípulos: "Eis aqui minha mãe e meus irmãos. Todo aquele que faz a vontade de meu Pai que está nos céus, esse é meu irmão e minha irmã e minha mãe" (MATEUS, 12:48 a 50).

Ele rompia com a noção de família restrita à consanguinidade, à questão da herança, dos bens, a da família que existe na perspectiva de garantir a reprodução da força de trabalho, apontando para a perspectiva da família como lar, como escola, isto é, aquele ambiente onde as almas se reencontram, para novas experiências. São questões que precisam ser revistas.

É preciso dar uma dimensão nova ao trabalho e despertar, para o trabalho, o irmão que procura a Casa Espírita. Na mensagem do Espírito Cheverus (ESE, cap. XVI, it. 11), encontramos uma importante reflexão sobre essa ótica:

> [...] Rico!... dá do que te sobra; faze mais: dá um pouco do que te é necessário, porquanto o de que necessitas ainda é supérfluo. Mas, dá com sabedoria. Não repilas o que se queixa, com receio de que te engane; vai às origens do mal. Alivia, primeiro; em seguida, informa-te e vê se o trabalho, os conselhos, mesmo a afeição não serão mais eficazes do que a tua esmola. [...]

É a mensagem do mundo espiritual, convidando-nos à nova reflexão. E continua:

> [...] Difunde em torno de ti, como os socorros materiais, o amor de Deus, o amor do trabalho, o amor do próximo. Coloca tuas riquezas sobre uma base que nunca lhes faltará e que te trará grandes lucros: a das boas obras. A riqueza da inteligência deves utilizá-la como a do ouro. Derrama em torno de ti os tesouros do teu amor e eles frutificarão.

Então, amar o trabalho é necessário para incentivar o desenvolvimento do Espírito, pois o trabalho é um dos meios pelo qual ele pode ampliar essa inteligência e realizar a obra da autoeducação.

Esta é a proposta da Metodologia, que integra a convivência, a criatividade, a educação e o trabalho, como meio para a evangelização, para mostrar o Cristo e revelar a Boa-Nova. Trata-se de uma maneira de viver, de se relacionar, na qual os irmãos irão se interessando pelas grandes verdades morais, que são o amor, o perdão, a compreensão; que é rever os laços familiares, que não estão circunscritos à consanguinidade; é, por isso mesmo, todo um processo de renovação.

O trabalho, pois, deve ser visto não só na dimensão do sustento do corpo e da aquisição de propriedade, para se manter e aos seus familiares, mas também como meio de realização do Espírito, como uma bênção. Desse modo, o Espírito evolui pelo trabalho e pela educação: pelo trabalho, porque lhe amplia a inteligência, porque lhe abre as portas para as grandes verdades morais; pela educação, como pauta de rever os próprios atos, ajudando a formação de novos caracteres, novos hábitos, que concorrem para a renovação do homem. Assim, por meio do trabalho e da educação, vai o ser humano reconstruindo a si mesmo na relação com o outro, dando surgimento a um novo homem.

4
A METODOLOGIA DO ESPAÇO DE CONVIVÊNCIA, CRIATIVIDADE E EDUCAÇÃO PELO TRABALHO: DIMENSÃO OPERATIVA

4.1
COMO FAZER?

A pergunta que emerge, depois de pensarmos e repensarmos as categorias que integram a proposta metodológica do ECCET, é: como conduzi-la na PRÁTICA? A resposta, a seguir, sintetiza os muitos treinamentos que Mário Barbosa realizou pelo Brasil afora, orientando a construção da metodologia.

Tal questionamento decorre do choque entre uma forma tradicional de trabalho, baseada no ensino de conceitos e entre uma nova forma, através da vivência conjunta, ou da CONVIVÊNCIA.

Em sequência, introduzimos um passo a passo dessa metodologia.

Em nível prático, a execução da metodologia dá-se da seguinte forma:

Propõem-se a criação de grupos ou oficinas de atividades, de acordo com as possibilidades da casa e dos trabalhadores disponíveis, aproveitando-se a vocação local/regional de trabalho, a cultura e as habilidades disponíveis entre os voluntários da casa. É da maior importância que as atividades dos grupos e oficinas criados sejam *do interesse* dos assistidos/evangelizandos. Dependendo de cada localidade, podem-se escolher entre atividades artísticas (música, teatro, dança, artes manuais, escultura, pintura, etc.); esportes, línguas, artes marciais, grupos de produção (trabalho com sucata, macramê, bordado, culinária, etc.). Deve-se ter em mente que não se trata de atividades recreativas e/ou culturais, conduzidas por um coordenador espírita que irá reter a atenção do grupo. As atividades devem ser norteadas como fim (extrair o melhor das atividades) e como meio (como fazer na convivência cristã, refletindo sobre a Boa-Nova).

1   Os assistidos escolhem os grupos/oficinas de atividades, nos quais desejem participar. É importante ressaltar que essas atividades não são divididas necessariamente por faixa etária. Deve-se enfatizar o convívio das diferentes faixas etárias, em torno de um interesse comum.

2   Organiza-se então a atividade prática, através da qual se construirá o *espaço de convivência*. Note-se que, como o próprio nome indica, trata-se de uma *construção*, a exigir que os interessados participem de todas as suas etapas, garantindo-se voz ativa e protagonismo no processo, sem pressa de resultados, porquanto o caminho percorrido é tão ou mais importante do que a chegada.

3   Durante o processo de construção-realização da atividade vai-se estabelecendo os laços de afetividade e confiança, entre os participantes.

4   Surgem problemas operacionais, conflitos entre os participantes, situações que precisam ser trabalhadas. Nesse espaço, os conteúdos doutrinários vão sendo assimilados, tanto por assistentes/evangelizadores, como por participantes, buscando-se refletir sobre as situações, problemas e soluções propostas, coletiva e/ou individualmente. Vale atentar que os evangelizadores, nesses momentos, terão os "refletores" (olhos e atenção dos participantes) voltados para si. A maneira, como os evangelizadores irão moderar os problemas, conflitos, etc., deverá ser de molde a que os participantes os assimilem como exemplo de comportamento plenamente cristão.

5   Os conteúdos que são trabalhados não nascem de um currículo preestabelecido, numa sequência arbitrária, mas *emergem da convivência* e são trabalhados durante as atividades, como o fazia Jesus. Por outro lado, é necessário um domínio profundo da

Doutrina Espírita para conduzir e embasar as conversações e dar uma sequência lógica ao aprendizado dinâmico. Deve-se enfatizar que, para extrair temas de interesse do grupo, os evangelizadores precisarão ter o domínio do encadeamento de tais proposições, bem assim de técnicas de conversação e reflexão, entre outras.

6 A rotina desses encontros é dinâmica, mas não deve ser improvisada. Os momentos deverão ser planejados. Por exemplo, nesses encontros é fundamental a existência de um lanche ou refeição, em que todos (assistentes/assistidos) participem, para que se crie um momento de igualdade entre os seres, já que comer juntos significa COMUNHÃO. As atividades optadas pelo grupo devem visar o planejamento, a organização, a distribuição de tarefas, as responsabilidades, a cooperação, etc. Os participantes devem perceber que os evangelizadores realmente se prepararam para aqueles momentos de convívio fraterno.

7 Considerando a pobreza material em que vivem algumas comunidades, algumas dessas atividades de grupo de produção poderão gerar algo que possa ser vendido pelos participantes; por outro lado, esses eventos poderão ser aproveitados para capacitar as pessoas e respectivas famílias para o desenvolvimento de atividades rentáveis, que possibilitem a melhoria de suas condições sociais de vida. Esse resultado é muito importante, caso venha a ser

conseguido, mas, em realidade, não é a finalidade principal. O mais importante é que, através do espaço da metodologia do ECCET, esse encontro de almas em evolução encaminhe todos os envolvidos ao progresso moral.

8 É da maior importância a valorização da presença e da atitude de todos, dentro de suas possibilidades e capacidades, lembrando sempre que a posição de assistente/assistidos toca a todos. Estar na condição de quem assiste ou de quem evangeliza não implica superioridade, mas, irmandade, sobretudo porque evangelizar é, sobretudo, evangelizar-se.

4.2
PLANEJAMENTO

Há necessidade de um planejamento para esse trabalho: planejamento do local, dos temas, dos materiais, do estudo da doutrina, de capacitação, das condições de desenvolvimento dos grupos e oficinas.

O ideal é que o planejamento envolva toda a instituição, independentemente dos setores existentes, para superar a divisão entre atividades "doutrinárias" das "assistenciais". As primeiras são indicadas para os mais preparados, enquanto que as outras para os menos preparados, doutrinariamente falando. Essas atividades, embora semelhantes, devem ser realizadas, bem ou mal, com base na doutrina e suas consequências.

Existe uma angústia que assalta os trabalhadores, que se iniciam nessa metodologia: não haver um "plano de aula", com um tema previamente preparado; isso ocorre, principalmente, no caso de evangelizadores, na atividade de assistência social, por não terem aquela "palestra" para ministrar, previamente estabelecida, antes de dar o benefício. A superação dessa angústia ocorre progressivamente, por isso que, na medida em que se abandona a posição de "professor" e "assistente" e se assume a nova posição de "irmão", "companheiros de viagem", "Espíritos em evolução", poder-se-á, paralelamente, ensinar e aprender. Não mais nos dedicaremos tão somente a planejar temas para ensinar, mas estudaremos permanentemente a Doutrina Espírita em todos seus aspectos, especialmente as Leis morais, para estar à altura de, através da convivência entre irmão de distintas condições, dar testemunho da mensagem evangélica. Ou seja, como o apóstolo Pedro ensinou: "É caminhando com eles que lhes revelo Jesus". Certamente, é muito mais fácil preparar um tema ou palestra semanal ou mensal para "lecionar" do que lecionar com a própria vivência, que exige de nós um constante processo de estudo das Leis divinas, reforma íntima e autoconhecimento (LE–919).

Também é importante ressaltar a relevância do processo de coordenação. A presença do coordenador, na atividade, transmite segurança ao grupo, porque ele, deve, amorosamente, acompanhar, avaliar, refletir, corrigir, estimular, valorizar, compartilhar decisões e cobrar responsabilidades. São, ainda, algumas das atribuições da coordenação: o estímulo ao estudo constante e a compreensão dos aparentes reveses da atividade.

4.3
A ATIVIDADE

O ato de evangelizar/assistir é o ato de viver uma vida de relação com os evangelizandos, porque o Evangelho (recordando) "É a narrativa da vida de um homem através de outras vidas". Assim, evangelizar é viver, a partir da Boa-Nova, uma vida com outra pessoa. Da convivência entre evangelizador e assistido e da própria forma de conhecer a Doutrina Espírita é que a mensagem vai sendo revelada, por isso que o Cristo vai-se dando a conhecer através das relações entre os envolvidos e, afinal, o amor vai deixando de ser um discurso e se transformando em realidade.

Assim, é possível se trabalhar o Deus-amor, o Deus-Pai, a partir das atividades desenvolvidas em convivência, seja em madeira, metal, argila, sisal, seja qual for a matéria prima da natureza utilizada. Assim, assistidos/evangelizandos e evangelizadores cocriando, vão transformando o material com as próprias mãos. O estímulo à criatividade permite perceber a capacidade que cada um tem de transformar o mundo à sua volta e, ao mesmo tempo, ensinar o ato de se fazer respeitar e respeitar o outro na convivência. Não importa o que está sendo criado ou transformado em si (se bem que é importante estimular fraternalmente a busca do melhor de si, naquilo em que se está envolvido), porque, através desse ato de criação ele (o assistido) está se manifestando e, através dessa manifestação, a criatividade vai sendo trabalhada.

É, pois, o momento para conduzir a todos os envolvidos à revisão dos hábitos, das práticas, dos valores do cotidiano. E isso tudo importa em discutir e experimentar novos hábitos, como o hábito de comer juntos, de brincar juntos, promovendo o lazer, por exemplo, que é uma das necessidades humanas básicas, ligadas verdadeiramente aos seus direitos. É na atividade, portanto, que vamos estabelecendo um relacionamento, que vai gerar um espaço de respeito mútuo, de convivência amistosa e de confiança recíprocas, no qual se tornam espontâneas as confidências, as manifestações dos sentimentos de cada um, despojando toda aquela realidade psicoeconômica e social.

Em assim agindo, toma-se conhecimento da realidade em que vivem aqueles seres e a reflexão vai avançando. Refletir sobre o quê? Refletir sobre a Boa-Nova, sobre a mensagem do Cristo, porque sempre se pode encontrar no Evangelho as explicações e o consolo para a dor e o sofrimento. Pela convivência é que se tem oportunidade de mostrar o Cristo, como disse Pedro a Paulo. Os temas para debate e reflexão vão surgindo naturalmente, diante dos fatos concretos, e o evangelizador pode ter um roteiro para si sobre o encadeamento dos temas, com base na Doutrina Espírita.

O número de assistidos/evangelizandos por turma é relativo, não é fixo. Por experiência nas Casas Espíritas, que já desenvolvem a metodologia, a sugestão é no sentido de serem organizados grupos na proporção de 1 (um) evangelizador para 10 (dez) assistidos. Assim, contando-se com três trabalhadores, teremos, por exemplo, um grupo com o total de 30 assistidos/evangelizandos.

A esta altura, convém a indagação: por que a limitação do número? Porque esse trabalho não pode ser massificado, mas, sim, individualizado. Trabalha-se a mensagem coletivamente, mas as dificuldades são individuais; a angústia, a tristeza, a revolta, a dificuldade no trabalho, tudo relacionado com o menino, a menina, o jovem, a jovem, o homem, a mulher. Será preciso maior aproximação do ser em sofrimento para lhe dar apoio, incentivo, ajudá-lo e até, às vezes, fazer a tarefa junto com ele, até que possa executá-la sozinho. No grupo, trabalha-se evangelicamente, transmitindo as mensagens da Boa-Nova, incentivando a descobrir-se, a revelar o seu potencial, e, mostrando-lhe que "o que eu posso fazer ele também pode". Foi isso que Jesus nos ensinou: "podeis fazer o que faço e muito mais" (JOÃO, 10:34 e 14:12).

4.4
ESPAÇO FÍSICO

A metodologia do ECCET pressupõe o atendimento dos assistidos/evangelizandos com respeito e amor. Nessa proposta, o Espaço de Convivência precede o espaço físico. A atividade poderá ser desenvolvida em algum espaço disponível: uma sala, uma oficina, debaixo de uma árvore, em um galpão, nas dependências de uma Casa Espírita. Jesus não tinha onde recostar a cabeça e revolucionou o mundo. Esse espaço deve ser visto predominantemente como de convivência, em cujas atividades ocorrerão os encontros dos assistidos/evangelizandos, onde, com estes, serão debatidos os assuntos emergentes, demonstrando--lhes, igualmente, interesse por suas vidas, suas necessidades e aspirações, suas experiências de seu viver. Diante desse contexto, o principal espaço é o relacional, em que a Boa-Nova será debatida, vivida e compartilhada.

4.5
TEMPO

O tempo é fator fundamental. O envolvimento com o outro exige tempo, para que se dê o conhecimento mútuo. É o espaço–tempo entendido como espaço pessoal, caminhando para a conquista do espaço social.

É na qualidade de utilização desse tempo que o trabalho se tornará uma ação efetiva no bem. É possível refletir conjuntamente junto com os assistidos/evangelizandos sobre qual o tempo ideal para as atividades, de forma que haja o seu melhor aproveitamento. Deve-se, no entanto, destacar que se o trabalho for desenvolvido em um tempo muito restrito, o espaço para o desenvolvimento da convivência fica reduzido; logo, as possibilidades de aproximação com o outro, também. Por outro lado, se esse tempo for excessivamente estendido, poderá haver, igualmente, o comprometimento de outras atividades importantes da vida dos participantes, causando, até mesmo, desinteresse. Cada grupo, na sua localidade, trabalhará para encontrar esse tempo ideal.

4.6
TRABALHADORES

O treinamento da equipe deve ser permanente, envolvendo todos os que lidam com os assistidos/evangelizandos, mesmo que de forma indireta, como, por exemplo, com o vigia, o servente, a cozinheira, etc. Se a criança for bem tratada na sala, mas foi maltratada na entrada pelo porteiro, isso cria confusão e desconfiança. Assim, todos os que se envolvem com os assistidos/evangelizandos devem se perceber como educadores e devem ser capacitados para a missão educativa. É um trabalho conjunto feito para toda a equipe. Se a criança, por qualquer motivo, não consegue permanecer no local da atividade grupal, ela pode sair, tendo inteira liberdade para isso. Mas é essencial que todo o trabalho que ali se desenvolva seja de fato um ato de evangelizar. Por isso, quando a criança que se afastou da área de atividade, por exemplo, chega à área livre, deve haver sempre alguém ou uma equipe que a envolva. Nesses casos, a equipe então envolverá esse menino, essa menina, esse adulto, que não está com disposição de, naquele dia, permanecer na atividade ou naquele espaço mais formalizado, dialogando, com aqueles que agem daquela maneira, para, quem sabe, no sentido de que retornem à atividade ou os sugerindo a que participem de outra.

4.7
CONTEÚDO DOUTRINÁRIO

A sequência e a forma de transmitir conhecimentos doutrinários é diferente da modalidade orientada por um currículo comum, porque os assuntos devem nascer dos próprios temas geradores, apresentados pelos assistidos/evangelizandos (criança, jovem, adulto, idoso); ou seja, partem do próprio cotidiano de cada um, exigindo então do trabalhador o estudo constante e criatividade, para a abordagem evangélico–doutrinária.

Assim, as grandes verdades morais são aos poucos apresentadas e discutidas, através de histórias, peças teatrais, etc., tudo baseado nos fatos do dia a dia de cada um. Os temas geradores somente podem emergir através da convivência com os assistidos/evangelizandos, da mútua relação de confiança criada, que permitirá diálogos, relatos dos fatos ocorridos na comunidade, interpretações que cada um dá aos fatos, em consonância com seus valores, sentimentos experimentados, etc. Quando esses conteúdos são trabalhados, uma semeadura vai-se edificando, junto aos participantes, por força das sementes das grandes verdades morais. A par desses objetivos, os evangelizadores estarão sempre educando, formando caracteres, hábitos. É a forma de comer, de sentar-se à mesa, o asseio, a higiene pessoal, a linguagem utilizada, o conviver com o outro, o respeito aos pertences dos outros, os direitos alheios e os próprios, enfim, a convivência em bases cristãs. O conteúdo doutrinário vai emergindo "por dentro de *temas geradores*" da convivência, provenientes das vivências dos participantes, tais como: morte, assassinatos, criminalidade, assaltos, agressões, incêndios, conflitos familiares, conflitos vicinais, aborto, escola, separação conjugal, violência doméstica, sexualidade, trabalho, etc. Mas também se deve fazer aflorar temas como alegria, paz, fraternidade, perdão, caridade, compaixão, etc., para ajudá-los a experimentar a vivência da Boa-Nova.

Assim, enfatiza-se que o preparo dos evangelizadores deve ser muito mais profundo e consistente, pois terão que ter em prontidão uma gama de conhecimentos doutrinários e uma percepção aguçada para identificar os temas gerados no grupo, ao mesmo tempo em que desenvolve as atividades. Como foi mencionado no item 4.3, o evangelizador poderá ter um roteiro para si sobre o encadeamento dos temas à luz da Doutrina Espírita, porém, sem qualquer conotação de rigidez. Por exemplo: se for trabalhar com argila, poderá preparar-se para tratar sobre a natureza, criação de Deus, encadeamento das Leis divinas perceptíveis na natureza, etc. Mas não será uma aula sobre o tema, mas uma conversa a ser estimulada, enquanto se trabalha com o barro. Dessa conversa, poderá surgir (como já surgiram inúmeras vezes!) a pergunta sobre se o homem foi feito do barro, mesmo. Com essa pergunta, o evangelizador terá muito o que explorar no seu grupo.

4.8
NORMAS DAS OFICINAS/GRUPOS DE ATIVIDADES

As normas a serem seguidas pelos grupos/oficinas devem ser elaboradas pelos próprios grupos e não previamente pela direção da casa ou do setor. Qual o objetivo dessa medida? Levar os participantes a perceber que podem mudar o mundo e que são protagonistas do trabalho e não apenas entes passivos e incapazes.

Exemplificando: um grupo começa nesse momento e o evangelizador, junto com os assistidos/evangelizandos, elabora as normas de funcionamento do grupo: horário de entrada e de saída, o número e integrantes, sanções para quem faltar ou chegar atrasado, etc. Essas normas devem ser assinadas por todos os componentes do grupo. As normas, que não devem ser muitas, devem ser trazidas e afixadas na sala em que o encontro se dá. A cada encontro, o mesmo procedimento será observado. Vai-se, assim, trabalhando as atividades e as normas. Haverá um momento em que o grupo perceberá que as normas precisam ser mudadas, pois não atendem mais às novas necessidades surgidas entre eles. Não mudam para atender às necessidades individuais, mas às coletivas. Muitas normas colocadas por eles vão se mostrando em desacordo com os valores dos evangelizadores/assistentes. Mas não se pode esquecer que alguns desses valores são diversos dos nossos e que os impor poderia traduzir uma violência, porquanto as diferentes condições sociais estabelecem valores diferentes. Há necessidade de se trabalhar a partir dos valores dos assistidos/evangelizandos, pois são esses valores que, talvez, precisem ser transformados, porém, por eles mesmos, num ato de reflexão e revisão. A própria realidade é que vai forçá-los a refletir e a se transformar.

Assim, assistidos/evangelizandos, ao trabalharem com as normas que traduzirão a evolução de seus valores, quanto a sua maneira de ver o mundo, estarão, ao mesmo tempo, transformando as coisas, a matéria bruta, as letras em palavras, as palavras em poesia, a poesia em música, a história em teatro, o tecido em roupa, o barbante em tapete de crochê, a lã em casaquinho ou sapatinho, o trigo em pão, o leite em sorvete, a sucata em brinquedo, as revistas velhas em artesanato, enfim, transformando o velho no novo. Tudo pode ser transformado. É necessário que o velho morra para que o novo nasça.

A lógica da Lei do movimento, nesse processo pedagógico, começa, pois, a fazer sentido para todos os envolvidos, porquanto a Lei do progresso se materializa diante de seus olhos e, dessa maneira, a Lei da reencarnação se torna facilmente compreensível. Vão eles percebendo a lógica das mudanças e como é possível transformar. Os participantes desse processo de crescimento socioespiritual (assistentes e assistidos/evangelizadores e evangelizandos) vão ampliando a sua percepção, através da tomada de decisões conjuntas, optando, escolhendo, elegendo, vendo e revendo, além do que começam a delegar, a votar, a escolher, a assumir a sua condição de cidadania, a sua condição de homem/mulher, de sujeito da própria história, e, com isso, podem, em melhores condições, tomar as rédeas da própria existência, como Espíritos encarnados que possuem sua parte na obra da criação.

4.9
RECURSOS MATERIAIS

O problema dos recursos financeiros quase sempre limita muito o trabalho, porque essa metodologia exige, normalmente, maior volume de recursos do que as atividades convencionais de uma assistência social/evangelização, comum nas Casas Espíritas. Isso exigirá também certa dose de criatividade para obtenção desses recursos: campanhas, parcerias com entidades públicas ou privadas, formação de um grupo para captação de recursos, etc. O volume de trabalho, obviamente, deve ser compatível com a disponibilidade de recursos, uma vez que a precipitação pode gerar sérios problemas para a Casa. Por isso, o planejamento é necessário para o empreendimento.

REFLEXÕES FINAIS

Ao término da presente obra, cresce a certeza de que não foi possível exaurir neste texto as discussões propostas por Mário da Costa Barbosa. A riqueza das reflexões se assoma à medida que o evangelizador/trabalhador da seara espírita faz sua imersão na Metodologia do ECCET e se redescobre em outra visão de homem e de mundo, ao propor-se *conviver para servir e amar*.

Ao longo do texto, buscou-se evidenciar os quatro fundamentos doutrinários que se complementam na aplicação da Metodologia: a verdadeira caridade, o benefício da caridade para aquele que a pratica, o protagonismo na construção da nova sociedade e a transformação do mundo, pela educação moral das criaturas.

Mário da Costa Barbosa foi coerente na relação entre elucidação teórica de uma metodologia, inspirada nos princípios espíritas e na vivência desses princípios. Sua biografia é um testemunho vivo dessa coerência. Basta perguntar às pessoas, que nos diversos lugares por que passou e lhe ouviram a palavra inspirada, que todos lembrarão a clareza e a coerência de seu discurso, que foram o norte de sua preciosa vida. Foi, na verdade, um verdadeiro espírita, que combinou, pode-se dizer, com maestria, razão e fé, em suas atitudes e pensamentos.

Modesto, fugia da admiração e das recompensas transitórias, dispensando o enaltecimento dos títulos da Terra. A autoria da metodologia do ECCET, que sempre procurou compartilhar com muitos, dizia corretamente: é simplesmente como Jesus fez e faz conosco. Daí a força transformadora e libertadora do pensamento luminoso, que subjaz a proposta aqui expressa, nessas singelas páginas: o Evangelho de Jesus.

As religiões, ao longo dos séculos, tenderam a ficar mais com a forma transitória do que com a essência libertadora da mensagem de vida, convertendo suas práticas, muitas vezes, em meros rituais ocos de sentimentos. Essa proposta metodológica para os espíritas é uma forma de lembrar que, em nossas práticas, a caridade verdadeira deve presidir o agir e o pensar, logo convidando evangelizadores/trabalhadores/assistentes a, antes de tudo, buscar e vivenciar a mensagem mais do que catequizar mentes, dando sentido prático e essencial ao "amar o próximo como a si mesmo".

Em essência é a isso que essa obra se propõe: trazer a lume a notável contribuição desse espírita exemplar, para iluminar mentes e aquecer corações, nesses tempos de profundas transformações planetárias, e, ao mesmo tempo, manter acesa a claridade da compreensão da inexorável lei de evolução e da necessidade de cumprirmos a nossa parte na obra da criação, tomando nas mãos a charrua evangélica, sem olhar para trás.

Muitos leitores podem se perguntar e certamente terão razão em o fazer: onde os resultados da aplicação dessa metodologia? Em que centros espíritas foi aplicada e funcionou? Que experiências poderão ser compartilhadas? Em resposta, os organizadores têm a dizer: bem, esse será o tema da próxima publicação.

A todos os irmãos espíritas e não-espíritas desejamos que este trabalho seja uma inspiração intelectualmente crítica, afetivamente educativa, e moralmente cristã, e, afinal, um convite: conviver para amar e servir.

APÊNDICE A

Roteiro para estudo do serviço assistencial espírita

As anotações deixadas por Mário da Costa Barbosa apresentam um roteiro para o estudo do Serviço Assistencial Espírita, o que inclui as referências bibliográficas, elaborado em 1979 e apresentado ao Departamento de Serviços Assistenciais da USE — União das Sociedades Espíritas do Estado de São Paulo. O conteúdo integral desse roteiro é apresentado na sequência, sem qualquer alteração.

1. ASSISTÊNCIA SOCIAL ANTES DO CRISTO

　1.1 Antiguidade: Código de Hamurabi (2.100 a.C.)

　1.2 Grécia: Esparta e Atenas

　1.3 Roma: Víveres e Espetáculos

　1.4 Judeus: *Êxodo*, 21 e 22; 23-3. *Levítico*, 13 e 14. *Deuteronômio*, 15, 7-18; 22, 1-14; 15, 7-18

2. ASSISTÊNCIA SOCIAL COM O CRISTO

2.1 Princípios fundamentais:
- 2.1.1 Amor (ESE XI – 1 e 2; XII – 1 e 2; *Boa Nova* 12)
- 2.1.2 Atitude de não-julgamento (ESE X- 1; *Boa Nova* 23)
- 2.1.3 Indulgência (ESE X – 1, 2 e 3; *Contos e apólogos* 18)

2.2 Procedimentos (ESE XV – 2)
- 2.2.1 Parar
- 2.2.2 Ouvir
- 2.2.3 Atender
- 2.2.4 Analisar
- 2.2.5 Agir

2.3 Pessoas atendidas
- 2.3.1 A mulher adúltera
- 2.3.2 A samaritana
- 2.3.3 Os dez leprosos
- 2.3.4 Maria de Magdala
- 2.3.5 Em casa de Zaqueu
- 2.3.6 Com Nicodemos
- 2.3.7 Com as crianças
- 2.3.8 Com o mancebo rico
- 2.3.9 Com a mulher de Pilatos, etc.

2.4 Quem presta a assistência
- 2.4.1 Nós mesmos (ESE XV – 2; XVI – 2)

2.5 Recursos
- 2.5.1 Jesus com a mulher adúltera (apoio)
- 2.5.2 Jesus com a samaritana (abordagem)
- 2.5.3 Jesus com Maria de Magdala (conscientização)
- 2.5.4 Jesus com Nicodemos (entrevista)
- 2.5.5 Jesus com Joana de Cusa (aconselhamento)
- 2.5.6 Jesus com o mancebo rico (clarificação)
- 2.5.7 Jesus com João e Pedro (reflexão)

Apêndice A

3. ASSISTÊNCIA SOCIAL DEPOIS DO CRISTO

3.1 A Casa do Caminho

3.1.1 Primeira Fase (*Paulo e Estêvão*, p. 67-68)

3.1.2 Segunda Fase (*Paulo e Estêvão*, p. 288-289 e 379-382)

3.1.3 Terceira Fase (*Paulo e Estêvão*, p. 389-392)
  a) Espírito de renúncia
  b) Manutenção da casa
  c) Primeiro plano de trabalho integrado

3.2 O Cristianismo como religião oficial do estado romano e o sincretismo religioso

3.2.1 Paganismo + Judaísmo + Cristianismo
  a) Em 313, Constantino: liberdade de culto aos cristãos – Édito de Milão
  b) Em 380, Teodósio: proclamou o Cristianismo como religião oficial do Estado Romano – Édito de Tessalônica
  c) Em 391, Teodósio: colocou o paganismo fora da lei – Édito de Milão

3.2.1 Defasagem e/ou esquecimento dos ensinos de Jesus

3.3 O Consolador Prometido (ESE VI – 3)

3.3.1 Restauração

3.3.2 Interpretação e/ou atualização

3.3.3 Complementação dos ensinos

4. ASSISTÊNCIA SOCIAL COM O ESPIRITISMO

4.1 A base da tarefa é a educação e o trabalho

4.1.1 Qual a melhor fase para educar? (ESE VIII – 4)

4.1.2 Desde que idade o ser manifesta seus instintos? (ESE XIV – 9)

4.1.3 Qual o papel da humanidade na educação? (ESE XIV – 9)

4.1.4 Qual o procedimento mais indicado diante dos órfãos? (ESE XIII – 18)

4.1.5 Qual é a base em que se deve fundamentar a tarefa? (ESE XV – 6)

4.2 Procedimentos diante da tarefa

    4.2.1 Qual a atitude do cooperador? (ESE XX – 4)

    4.2.2 Como encarar os bens materiais? (ESE II – 6)

    4.2.3 Como agir diante dos infortúnios ocultos? (ESE XIII – 4)

    4.2.4 Como encarar a causa dos problemas? (ESE V – 4 e 6)

    4.2.5 Como agir diante da fome e de outras carências? (ESE XVI – 7)

4.3 A Relação entre Cooperador/Carente/Instituição

    4.3.1 Como o cooperador deve agir para uma melhor atuação? (ESE IX – 4,5 e 6)

    4.3.2 Como conduzir-se diante das naturais dificuldades de relacionamento? (ESE XX – 5)

    4.3.3 Como conduzir-se diante daquele que carece de ajuda? (ESE XVI – 11)

    4.3.4 Como empregar os recursos no atendimento ao carente de ajuda? (ESE XVI – 13)

    4.3.5 Como conduzir-se diante daquele que se revolta ou se acomoda? (ESE IX – 8)

5. DA ASSISTÊNCIA AO SERVIÇO SOCIAL ESPÍRITA

5.1 Diferença entre Assistência e Serviço

    5.1.1 No conhecimento das causas (*Os mensageiros*, cap.14)

    5.1.2 No modo de ajudar (*O espírito da verdade*, cap. 70)

    5.1.3 Na análise das situações apresentadas (*O consolador*, q. 131)

5.2 Princípios fundamentais do Serviço Assistencial Espírita

    5.2.1 Aceitação (*Roteiro*, cap. 16)

    5.2.2 Respeito à personalidade (*Seareiros de volta*, p. 41)

    5.2.3 Atitude de não-julgamento (*Contos e apólogos*, cap. 38)

    5.2.4 Compreensão (*Sementeira da fraternidade*, cap. 20)

    5.2.5 Autodeterminação (*Caminho, verdade e vida*, cap. 100)

    5.2.6 Ajudar capacitando (*Revista espírita* de 1858/ agosto – Vicente de Paulo)

6. O ESPIRITISMO E OS PROBLEMAS HUMANOS

6.1 Visão espírita dos problemas sociais (*O espiritismo e os problemas humanos*, VIII; *O homem e a sociedade numa nova civilização*, p. 137; *O consolador*, q. 234)

6.2 O Homem – uma totalidade indivisível em sua relação com o mundo[44]

6.3 Os recursos tradicionais de ajuda (*O consolador*, q. 256; *Legado Kardequiano*, cap. 44; ESE XVI – 11 e 13)

6.4 Uma contribuição espiritista para uma nova visão de ajuda (Amor e Luz, p. ESE XIII – 13)

7. PONTOS DE REFLEXÃO NA ELABORAÇÃO DE UM PROGRAMA

7.1 Planejamento (*O espírito da verdade*, cap. 1; *Espírito e vida*, p. 116)

7.2 Legalização (ESE XI – 5)

7.3 Recursos humanos e financeiros (*Seareiros de volta*, p. 102; *Conduta espírita*, cap. 11; *Crestomatia da imortalidade*, cap. 21; *Quando voltar a primavera*, p. 55)

7.4 Convênios, comodatos e subvenções (*Conduta espírita*, cap. 12; *Religião dos espíritos*, p. 229; *Bezerra, Chico e Você*, cap. 33)

7.5 Objetivos da Casa Espírita (*Obreiros da vida eterna*, cap.XII, p. 189; *Tramas do destino*, p. 198-200; *Sementeira da fraternidade*, cap. 18)

---

[44] Nota de Mário da Costa Barbosa: para entender o homem e o mundo (existência), ler: 1. Emmanuel, *A caminho da luz*; 2. Allan Kardec, *A gênese*; 3. Leon Denis, *O grande enigma*; 4. Leon Denis, *O porquê da vida*; 5. Joanna de Angelis, *Após a tempestade*; 6. Emmanuel, *Emmanuel*; 7. Allan Kardec, *O livro dos espíritos*; 8. J. Herculano Pires, *O espírito e o tempo*; 9. J. Herculano Pires, *O ser e a serenidade*; 10. Gustave Geley, *O ser subconsciente*; 11. Gustave Geley, *Del Inconsciente al Consciente*; 12. Humberto Mariotti, *O homem e a sociedade numa nova civilização*; 13. Deolindo Amorim, *O espiritismo e os problemas humanos*; 14. Angel Aguarod, *Grandes e pequenos problemas*; 15. Gabriel Delanne, *Evolução anímica*.

7.6 Público a ser atendido (*Celeiro de bênçãos*, cap. 51)

7.7 Prédio (*Irmãos do bom combate*, p. 10)

7.8 Cooperadores (*Contos e apólogos*, cap. 26; O espírito da verdade, cap. 3 e 70)

7.9 A promoção do homem (*Lampadário espírita*, cap. 53; Leis de amor, III)

8. AS INSTITUIÇÕES ASSISTENCIAIS ESPÍRITAS

8.1 Objetivos (*Cartas e crônicas*, cap. 1; *Dimensões da verdade*, p. 58)

8.2 Características (*Dramas da obsessão*, p. 146-147; *À luz do espiritismo*, cap. 27; *Sementeira da fraternidade*, cap. 55; *O consolador*, q. 107)

8.3 Dinâmica de ação (*Livro da esperança*, cap. 36; ESE VIII – 3; LE, q. 685-a/ comentário)

8.4 Análise de alguns tipos de programas

    8.4.1 Saúde

    8.4.2 Alimentação

    8.4.3 Educação

    8.4.4 Infância e Adolescência

    8.4.5 Idosos

    8.4.6 Migrantes, etc.

9. A PRÁTICA DO SERVIÇO ASSISTENCIAL ESPÍRITA

9.1 No conhecimento da realidade

    9.1.1 Visita

    9.1.2 Entrevista

    9.1.3 Recursos (*Legado kardequiano*, cap. 4; *Messe de amor*, cap. 34; *Párias em redenção*, p. 375-377 e 380-381; *Dimensões da verdade*, p. 169; *Sol nas almas*, cap. 20)

9.2 Na ação (*Lampadário espírita*, cap. 47; *Celeiro de bênçãos*, cap. 30; *Messe de amor*, cap. 6; *Bezerra, Chico e você*, cap. 29, 45, 47 e 48)

9.3 Na avaliação (*Sol nas almas*, cap. 11)

APÊNDICE B

Referências bibliográficas elaboradas por
Mário da Costa Barbosa

As referências bibliográficas listadas abaixo constam das anotações de Mário Barbosa.

AGUAROD, Angel. *Grandes e pequenos problemas*. Rio de Janeiro: FEB, 1945.

AMORIM, Deolindo. *O espiritismo e os problemas humanos*. Mundo Espírita, 1948.

DELANNE, Gabriel. *A evolução anímica*. 4. ed. Rio de Janeiro: FEB, 1976.

DENIS, Léon. *O grande enigma*. 5. ed. Rio de Janeiro: FEB, 2008.

_____. *O porquê da vida*. 9. ed. Rio de Janeiro: FEB, 1979.

FRANCO, Divaldo Pereira, *Quando voltar a primavera*. Pelo Espírito Amélia Rodrigues. Salvador: Livraria Espírita Alvorada, 1977.

_____. *Primícias do reino*. Pelo Espírito Amélia Rodrigues. Salvador: Livraria Espírita Alvorada, 1977.

_____. *Após a tempestade*. Pelo Espírito Joanna de Angelis. Salvador: Livraria Espírita Alvorada, 1974.

_____. *Celeiro de bênçãos*. Pelo Espírito Joanna de Angelis. Salvador: Livraria Espírita Alvorada, 1974.

_____. *Dimensões da verdade*. Pelo Espírito Joanna de Angelis. Salvador: Livraria Espírita Alvorada, 1965.

_____. *Messe de amor*. Pelo Espírito Joanna de Angelis. Salvador: Livraria Espírita Alvorada, 1966.

_____. *Legado kardequiano*. Pelo Espírito Marco Prisco. Salvador: Livraria Espírita Alvorada, 1966.

_____. *Tramas do destino*. Pelo Espírito Manoel Philomeno de Miranda. Rio de Janeiro: FEB, 1979.

_____. *À luz do espiritismo*. Pelo Espírito Vianna de Carvalho. Salvador: Livraria Espírita Alvorada, 1968.

_____. *Párias da redenção*. Pelo Espírito Victor Hugo. Rio de Janeiro: FEB, 1971.

_____. *Sementeira da fraternidade*. Por diversos Espíritos. Salvador: Livraria Espírita Alvorada, 1972.

_____. *Terapêutica de emergência*. Salvador: Livraria Espírita Alvorada.

_____. *Crestomatia da imortalidade*. Por diversos Espíritos. Salvador: Livraria Espírita Alvorada, 1972.

GAMA, Ramiro. *Irmãos do bom combate*. Rio de Janeiro: Editora Grupo Espírita Regeneração, s/d.

GELEY, Gustave. *O ser subconsciente*. Rio de Janeiro: FEB, 1975.

_____. *Del Insconsciente al Consciente*. Buenos Aires: Editora Constancia, 1947.

GERMINHASI, Rubens Silvio. *Amor e luz*. São Paulo: Instituto Divulgação Editora André Luiz, 1977.

KARDEC, Allan. *A gênese*. 18. ed. Rio de Janeiro: FEB, 1976.

_____. *O evangelho segundo o espiritismo*. 62. ed., Rio de Janeiro: FEB, 1975.

_____. *O livro dos espíritos*. 35. ed. Rio de Janeiro: FEB, 1975.

_____. *Revista Espírita*. Ano 1858. São Paulo: 1964.

MARIOTTI, Humberto. *O homem e a sociedade numa nova civilização*. São Paulo: Edicel, 1967.

PEREIRA, Yvonne A. *Dramas da obsessão*. Pelo Espírito Bezerra de Menezes. 2. ed. Rio de Janeiro: FEB, 1969.

PIRES, J. Herculano. *O espírito e o tempo*. 2. ed. São Paulo: Edicel, 1977.

_____. *O ser e a serenidade*. 2. ed. São Paulo: Edicel, 1977.

VIEIRA, Waldo. *Conduta espírita*. Pelo Espírito André Luiz. 4. ed. Rio de Janeiro: FEB, 1971.

_____. *Sol nas almas*. Pelo Espírito André Luiz. 3. ed. Uberaba: Comunhão Espírita Cristão, 1974.

_____. *Seareiros de volta*. Por diversos Espíritos. 2. ed. Rio de Janeiro: FEB, 1968.

XAVIER, Francisco Cândido, Pelo Espírito André Luiz. *Obreiros da vida vterna*. 9. ed. Rio de Janeiro: FEB, 1975.

_____. *Os mensageiros*. Pelo Espírito André Luiz. 9. ed. Rio de Janeiro: FEB, 1975.

_____. *Bezerra, Chico e Você*. Pelo Espírito Bezerra de Menezes. São Bernardo do Campo: Grupo Espírita Emmanuel, 1973.

_____. *A caminho da luz*. Pelo Espírito Emmanuel. Rio de Janeiro: FEB, s/d.

_____. *Caminho, verdade e vida*. Pelo Espírito Emmanuel. 6. ed. Rio de Janeiro: FEB, 1973.

_____. *Emmanuel*. Pelo Espírito Emmanuel. Rio de Janeiro: FEB, s/d.

_____. *Leis de amor*. Pelo Espírito Emmanuel. 6. ed. Rio de Janeiro: FEB, 1973.

_____. *O consolador*. Pelo Espírito Emmanuel. 5. ed. Rio de Janeiro: FEB, 1970.

_____. *O livro da esperança*. Pelo Espírito Emmanuel. 4. ed. Uberaba: Comunhão Espírita Cristã, 1973.

_____. *Paulo e Estêvão*. Pelo Espírito Emmanuel. 11. ed. Rio de Janeiro: FEB, 1975.

_____. *Religião dos espíritos*. Pelo Espírito Emmanuel. 3. ed. Rio de Janeiro: FEB, 1974.

_____. *Roteiro*. Pelo Espírito Emmanuel. 3. ed. Rio de Janeiro: FEB, 1972.

_____. *Libertação*. Pelo Espírito André Luiz. 6. ed. Rio de Janeiro: FEB, 1974.

_____. *Boa nova*. Pelo Espírito Humberto de Campos. 10. ed. Rio de Janeiro: FEB, 1971.

_____. *Cartas e crônicas*. Pelo Espírito Irmão X. 3. ed. Rio de Janeiro: FEB, 1974.

_____. *Contos e apólogos*. Pelo Espírito Irmão X. 3. ed. Rio de Janeiro: FEB, 1974.

_____. *O espírito da verdade*. Por diversos Espíritos. 2. ed. Rio de Janeiro: FEB, 1970.

EVANGELHO SEGUNDO O ESPIRITISMO

Cap. I – Eu não vim destruir a Lei
   Item 9 – A era nova

Cap. II – Meu reino não é deste mundo
   Itens 6 e 7 – O ponto de vista (continuação)

Cap. IV – Ninguém pode ver o reino de Deus.
   Item 25 – Necessidade da encarnação

Cap. V – Bem-aventurados os aflitos
   Item 4 – Causas atuais das aflições
   Item 6 – Causas anteriores das aflições
   Item 27 – Deve-se por termo [...]?

Cap. VII – Bem-aventurados os pobres de espírito
   Item 13 – Missão do homem inteligente na Terra

Cap. VIII – Bem-aventurados aqueles que têm puro o coração
   Item 4 – Deixai vir a mim as criancinhas (continuação)

Cap. IX – Bem-aventurados aqueles que são brandos e pacíficos
   Item 4 – Injúrias e violências (continuação)

Item 5 – continuação
Item 8 – Obediência e resignação

Cap. XI – Amar o próximo como a ti mesmo
Item 8 – A lei do amor

Cap. XIII – Que a vossa mão esquerda não saiba [...]
Item 3 – Fazer o bem sem ostentação (continuação)
Item 4 – Os infortúnios ocultos
Item 13 – A beneficência (continuação)
Item 18 – Os órfãos

Cap. XIV – Honrai o vosso pai e vossa mãe
Item 9 – A ingratidão dos filhos e os laços de família

Cap. XV – Fora da caridade não há salvação
Item 1 – O que é preciso para ser salvo. Parábola do bom samaritano
Item 2 – continuação

Cap. XVI – Não se pode servir a Deus e a Mamon
Item 7 – Utilidade providencial da fortuna
Item 9 – A verdadeira propriedade
Item 11 – Emprego da fortuna
Item 13 – continuação

Cap. XX – Os trabalhadores da última hora
Item 4 – Missão dos espíritas

Apêndice B

O LIVRO DOS ESPÍRITOS

2ª parte: Cap. X – Das ocupações e missões dos espíritos
Q. 573

3ª parte: Cap. III – Da lei do trabalho
Q. 675, 676, 677, 682, 685

Cap. VII – Da lei da conservação
Q. 768

Cap. VIII – Da lei do progresso
Q. 783, 799

Cap. IX – Da lei da igualdade
Q. 806 a 813

Cap. XI – Da lei de justiça, amor e caridade
Q. 875, 880 a 888

4ª parte: Cap. I – Das esperanças e consolações
Q. 920, 927

A GÊNESE

Cap. I – Caráter da Revelação Espírita (item 8)

OBRAS PÓSTUMAS

Cap. – Liberdade, igualdade, fraternidade

FONTES DO PENSAMENTO DE MÁRIO BARBOSA

ANOTAÇÕES

TRANSCRIÇÕES DE CURSOS E SEMINÁRIOS

BARBOSA, Mário da Costa. *Serviço Assistencial Espírita:* proposta de construção do espaço de convivência, criatividade, educação e evangelização pelo trabalho. Compilação: Aderval Costa Filho. Cuiabá, setembro, 1991.

BARBOSA, Mário da Costa. *Metodologia de construção do espaço de convivência, criatividade, educação e evangelização pelo trabalho.* Compilação Maria Zuila Cysneiros de Miranda. Departamento de Assistência Social. Federação Espírita do Estado de Mato Grosso. s/d.

BARBOSA, Mário da Costa. *O que eu devo fazer para não perder esta encarnação?*. Compilação Erasmo Borges Filho. Belém-PA, s/d.

FITAS EM VHS

BARBOSA, Mário da Costa. *Metodologia do espaço de convivência, criatividade e educação pelo trabalho*. Gravação em VHS. Belém/PA, 1989.

DOCUMENTOS PRODUZIDOS COM BASE NAS REFLEXÕES DE MÁRIO DA COSTA BARBOSA

PONTES, Reinaldo N. CRUZ, Claudio R. *Fundamentos filosóficos e doutrinários do serviço assistencial espírita*. União Espírita Paraense, Belém-PA, 1994.

PONTES, Reinaldo N. *Reflexões acerca da concepção espírita de evolução humana em face da crise de paradigmas deste final de século*. Belém-PA: União Espírita Paraense, s/d.

CRUZ, Claudio; CORDEIRO, Terezinha; PAROLIN, Sonia R. H. *A metodologia do espaço de convivência, criatividade e educação pelo trabalho*. Documentos Sociais n. 1 Tema: Serviço Assistencial Espírita. Belém-PA: União Espírita Paraense, 1991.

UNIÃO ESPÍRITA PARAENSE. *Fundamentos doutrinários da assistência social na ótica espírita*. Documentos Sociais n. 03. Belém-PA: União Espírita Paraense, 1991.

CONVIVER PARA AMAR E SERVIR				
EDIÇÃO	IMPRESSÃO	ANO	TIRAGEM	FORMATO
1	1	2013	5.000	14x21
1	2	2015	500	14x21
1	3	2015	1.000	14x21
1	4	2016	2.000	14x21
1	5	2022	50	14x21
1	IPT*	2022	30	14x21
1	IPT	2022	100	14x21
1	IPT	2022	250	14x21
1	IPT	2024	120	14x21
1	IPT	2025	120	14x21
1	IPT	2025	150	14x21

*Impressão pequenas tiragens

O EVANGELHO NO LAR

Quando o ensinamento do Mestre vibra entre quatro paredes de um templo doméstico, os pequeninos sacrifícios tecem a felicidade comum.[1]

Quando entendemos a importância do estudo do Evangelho de Jesus, como diretriz ao aprimoramento moral, compreendemos que o primeiro local para esse estudo e vivência de seus ensinos é o próprio lar.

É no reduto doméstico, assim como fazia Jesus, no lar que o acolhia, a casa de Pedro, que as primeiras lições do Evangelho devem ser lidas, sentidas e vivenciadas.

O espírita compreende que sua missão no mundo principia no reduto doméstico, em sua casa, por meio do estudo do Evangelho de Jesus no Lar.

Então, como fazer?

Converse com todos que residem com você sobre a importância desse estudo, para que, em família, possam compreender melhor os ensinamentos cristãos, a partir de um momento de união fraterna, que se desenvolverá de maneira harmônica e respeitosa. Explique que as reflexões conjuntas acerca do Evangelho permitirão manter o ambiente da casa espiritualmente saneado, por meio de sentimentos e pensamentos elevados, favorecendo a presença e a influência de Mensageiros do Bem; explique, também, que esse momento facilitará, em sua residência, a recepção do amparo espiritual, já que auxilia na manutenção de elevado padrão vibratório no ambiente e em cada um que ali vive.

Convide sua família, quem mora com você, para participar. Se mora sozinho, defina para você esse momento precioso de estudo e reflexões. Lembre-se de que, espiritualmente, sempre estamos acompanhados.

Escolha, na semana, um dia e horário em que todos possam estar presentes.

O tempo médio para a realização do Evangelho no Lar costuma ser de trinta minutos.

---

[1] XAVIER, Francisco Cândido. *Luz no lar*. Por Espíritos diversos. 12. ed. 7. imp. Brasília: FEB, 2018. Cap. 1.

As crianças são bem-vindas e, se houver visitantes em casa, eles também podem ser convidados a participar. Se não forem espíritas, apenas explique a eles a finalidade e importância daquele momento.

O seguinte roteiro pode ser utilizado como sugestão:

1. Preparação: leitura de mensagem breve, sem comentários;
2. Início: prece simples e espontânea;
3. Leitura: *O evangelho segundo o espiritismo* (um ou dois itens, por estudo, desde o prefácio);
4. Comentários: breves, com a participação dos presentes, evidenciando o ensino moral aplicado às situações do dia a dia;
5. Vibrações: pela fraternidade, paz e pelo equilíbrio entre os povos; pelos governantes; pela vivência do Evangelho de Jesus em todos os lares; pelo próprio lar...
6. Pedidos: por amigos, parentes, pessoas que estão necessitando de ajuda...
7. Encerramento: prece simples, sincera, agradecendo a Deus, a Jesus, aos amigos espirituais.

As seguintes obras podem ser utilizadas nesse momento tão especial:

- *O evangelho segundo o espiritismo*, como obra básica;
- *Caminho, verdade e vida*; *Pão nosso*; *Vinha de luz*; *Fonte viva*; *Agenda cristã*.

Esse momento no lar não se trata de reunião mediúnica e, portanto, qualquer ideia advinda pela via da intuição deve permanecer como comentário geral, a ser dito de maneira simples, no momento oportuno.

No estudo do Evangelho de Jesus no Lar, a fé e a perseverança são diretrizes ao aprimoramento moral de todos os envolvidos.

FEB editora
Livro espírita para um novo mundo
www.febeditora.com.br
@febeditoraoficial
@febeditora

Conselho Editorial:
Carlos Roberto Campetti
Cirne Ferreira de Araújo
Evandro Noleto Bezerra
Geraldo Campetti Sobrinho – Coord. Editorial
Jorge Godinho Barreto Nery – Presidente
Maria de Lourdes Pereira de Oliveira
Miriam Lúcia Herrera Masotti Dusi

Produção Editorial:
Elizabete de Jesus Moreira

Revisão:
Elizabete de Jesus Moreira

Capa, Projeto gráfico e diagramação:
João Guilherme Andery Tayer

Colaboraram nesta obra:
Cláudio Roberto Rodrigues Cruz
Helder Boska de Moraes Sarmento
Maria Lúcia de Abreu (in memoriam)
Martha de Souza Leão
Reinaldo Nobre Pontes
Sonia Regina Hierro Parolin

Foto capa:
http://www.istock.com/ferrantraite

Normalização técnica:
Biblioteca de Obras Raras e Documentos Patrimoniais do Livro

Esta edição foi impressa no sistema de Impressão pequenas tiragens, em formato fechado de 140x210 mm e com mancha de 94x160 mm. Os papéis utilizados foram o Off white 80 g/m² para o miolo e o Cartão 250 g/m² para a capa. O texto principal foi composto em fonte Adobe Garamond Pro 12/15 e os títulos em Adobe Devaganari 20/22. Impresso no Brasil. *Presita en Brazilo.*